DER
ISRAELISCH-PALÄSTINENSISCHE
KONFLIKT

Ein Anfängerleitfaden zum objektiven
Verständnis durch eine faktenbasierte Reise
von der Vergangenheit bis zur Gegenwart

Verfasst von

Peter Schwartzman

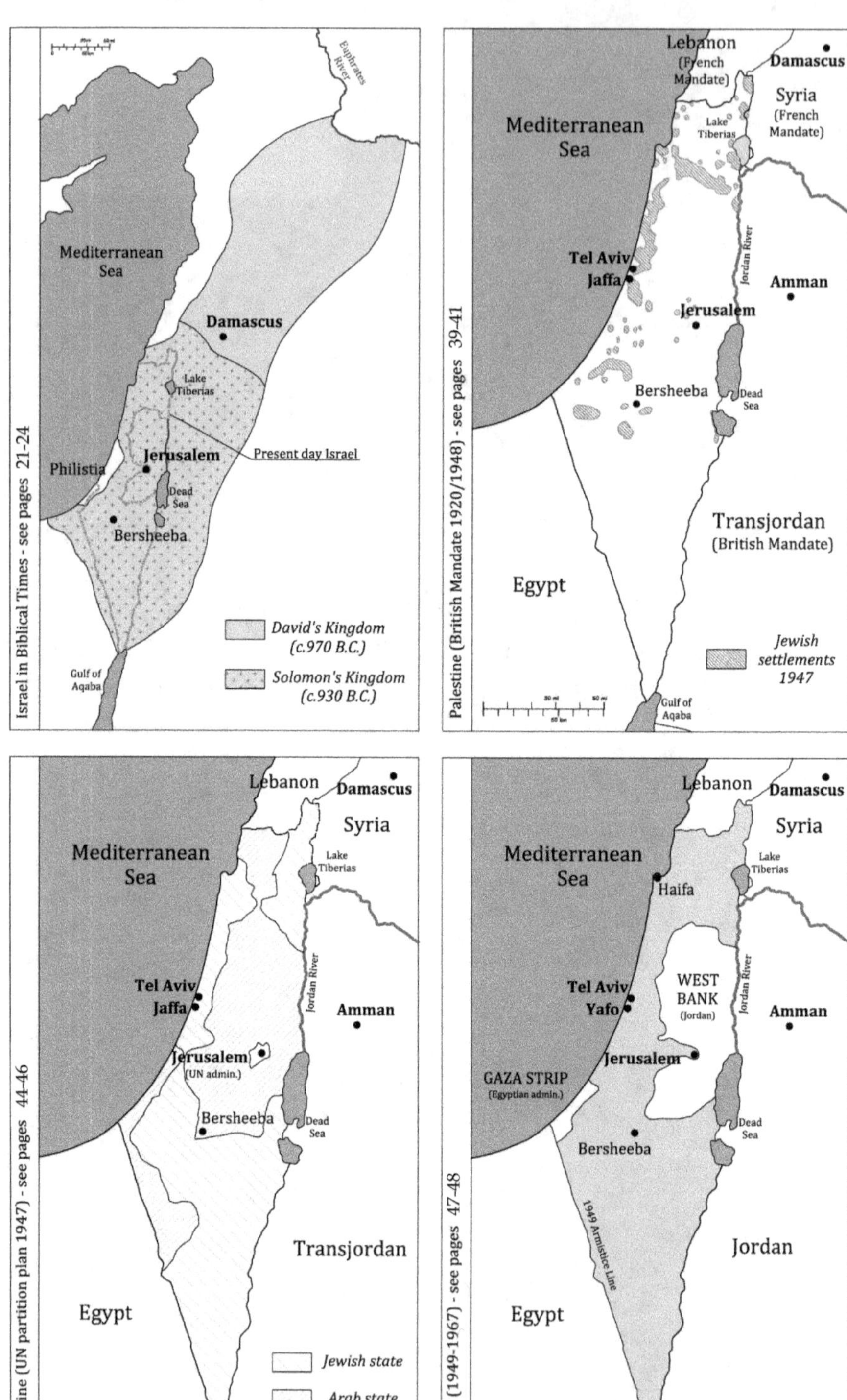

Index der historischen Karten

Karte des heutigen Israel

Inhaltsverzeichnis

EINIGE BEMERKENSWERTE ZITATE (*)

"Wir werden den israelisch-palästinensischen Konflikt nicht militärisch lösen, und sie werden es auch nicht tun."

Ehud Olmert, ehemaliger Premierminister von Israel (2007)

"Palästina und Israel sind geografische Gebiete, keine Nationen und keine einzigartigen Völker."

Edward Said, palästinensisch-amerikanischer Literaturtheoretiker und öffentlicher Intellektueller (1999)

"Es wird nicht einfach sein. Frieden ist es nie. Es gibt mächtige Interessen, die auf den Status quo setzen. Und es gibt Menschen auf beiden Seiten, die die schwere Bürde des gegenseitigen Misstrauens noch nicht überwunden haben."

Barack Obama, ehemaliger Präsident der Vereinigten Staaten (2013)

"Dieser Konflikt dauert nun schon fast ein Jahrhundert an. Mit jedem Tag, der vergeht, wird er komplizierter und schwieriger zu lösen."

König Hussein I. von Jordanien (1991)

"Lasst uns als Freunde teilen, und nicht als Feinde trennen. Israel wird an der Seite Palästinas stehen, und wenn es sein muss, werden wir den Staat Palästina verteidigen."

David Ben-Gurion, der erste Premierminister Israels (1937)

(*) Einige Zitate wurden für mehr Klarheit leicht paraphrasiert oder gekürzt. Ihre Interpretation kann je nach Kontext variieren. Die unterschiedlichen Perspektiven und Ansichten über die Jahre hinweg zeigen die anhaltenden Herausforderungen bei der Lösung dieses langwierigen Konflikts.

Ein zeitloser Kampf

In den sanften Hügeln der Levante, wo seit Jahrtausenden Olivenbäume wachsen und uralte Straßen zahllose Wanderungen erlebt haben, erzählt das Land Geschichten, die Tausende von Jahren umfassen. Dieses Gebiet mit seiner eindringlichen Schönheit und strategischen Bedeutung war der Gegenstand des Neides von Imperien und das Streben verschiedener Zivilisationen. Das Land, das heute als Israel und Palästina bezeichnet wird, ist nicht nur eine weitere Parzelle auf der Landkarte; es ist ein Ort, der tief in das Gewebe der menschlichen Geschichte eingewoben ist.

Hier blühten einst alte Zivilisationen. Die Kanaaniter bauten ihre Städte, die Israeliten gründeten ihre ersten Königreiche, und die Philister stellten sich den frühen hebräischen Stämmen entgegen. König Salomo errichtete in Jerusalem einen Tempel, der später zerstört, wieder aufgebaut und wieder zerstört wurde, um dann die Grundlage für künftige geistige Zentren zu bilden. Im Laufe der Jahrhunderte hinterließen Assyrer, Babylonier, Perser, Griechen und Römer ihre Spuren, jeder mit seiner eigenen Geschichte, seinem Ehrgeiz und oft auch mit Konflikten.

Eine Reise durch Jerusalems Altstadt ist wie eine Zeitreise. In den Kopfsteinpflasterstraßen spiegeln sich Jahrtausende der Geschichte wider. Eine moderne Straßenbahn fährt in der Stadt an Mauern und Festungen vorbei, die unzählige Belagerungen und Eroberungen erlebt haben. Ganz in der Nähe brummt Tel Aviv als kosmopolitisches Zentrum mit Cafés am Strand, hoch aufragenden Wolkenkratzern und boomenden Tech-Start-ups und steht damit in krassem Gegensatz zu den jahrhundertealten Auseinandersetzungen, in die es eingebettet ist.

Doch der Schatten der Vergangenheit ist nie ganz verschwunden. Auf den belebten Märkten werden nicht nur Hightech-Geräte und trendige Mode verkauft, sondern auch Antiquitäten und traditionelles Handwerk, die von einer älteren Welt erzählen. Unter neuen Bauten finden Archäologen oft Überreste alter Zivilisationen. Jede neue Straße, jedes neue Gebäude oder jeder neue Park kann zu einem Schlachtfeld historischer Erzählungen und Ansprüche werden.

Bei diesem Kontinuum von Konflikten geht es nicht nur um die physischen Markierungen auf dem Boden. Er ist tief in der Psyche der Menschen verwurzelt. Die von Großeltern an Enkel weitergegebenen Geschichten erzählen von Heldentum, Exil, Rückkehr und Hoffnung. Sie erzählen von den alten Tempeln Jerusalems, dem Hafen von Jaffa, aus dem Jona einst floh, der sternenklaren Nacht von Bethlehem oder den heiligen Gräbern von Hebron. Und in diesen Geschichten ist die Geschichte kein fernes Konzept, sondern eine lebendige, atmende Präsenz.

Sowohl für Palästinenser als auch für Israelis steht das Land für Heimat, Identität und Zugehörigkeit. Ihre historischen Erzählungen sind zwar unterschiedlich, überschneiden sich aber in Geografie und Zeit. Das Land hat Salomons Weisheit und Saladins Tapferkeit, den Aufstand der Makkabäer und moderne Intifadas erlebt. Und während die Erde unter ihnen Geschichten von Einigkeit, Liebe und Koexistenz aufnahm, hat sie auf tragische Weise auch viel Blut und Tränen aufgesogen.

Letztendlich geht es bei dem zeitlosen Kampf nicht nur darum, wer zuerst da war oder wer den mächtigeren Anspruch erhebt. Es geht darum, das komplizierte Geflecht von Geschichten, Emotionen und Bestrebungen anzuerkennen, die dieses kleine Stückchen Erde so ungemein bedeutsam machen. Es geht um die Einsicht, dass der Frieden so lange schwer zu erreichen sein wird, bis beide Seiten die Verbindung der anderen Seite zu diesem Land anerkennen und respektieren.

In einer engen Gasse in Ramallah weht eine Brise die bestickten Ränder von Haneens Hijab. Sie hält eine Tasse Salbeitee in ihrer Hand und schaut den Kindern zu, die draußen spielen und deren Lachen im Hof widerhallt. Die Muster der Fliesen unter ihren Füßen, so erinnert sie sich, ähneln denen in ihrem Elternhaus, das von einem großen Olivenhain umgeben ist, dem Stolz ihrer Familie.

"Ich war noch ein kleines Mädchen", beginnt Haneen, ihre Augen sind voller Erinnerungen, "als ich meinen Vater in den Obstgarten begleitete. Der Duft der Olivenbäume während der Erntezeit, das Rascheln der Blätter und die Freude in den Augen meines Vaters, wenn er die Ernte betrachtete... das alles war magisch. Diese Bäume waren mehr als nur Pflanzen, sie waren Symbole unserer Wurzeln, die tief im Land verwurzelt waren. Sie waren Zeugen von Hochzeiten, Geburten, Festen und Sorgen.

Sie erinnert sich an die Geschichten, die ihr Vater ihr erzählte, als sie sich unter einem uralten Olivenbaum ausruhten, Geschichten von ihren Vorfahren, die dieselben Bäume gepflegt hatten, von Erntefesten und von Zeiten, in denen die Nachbarn, unabhängig von ihrem Glauben, zusammenkamen, um das Leben zu feiern. "Der Obstgarten", sagt sie, "war nicht nur ein Stück Land. Er war der Ort, an dem sich unsere Vergangenheit und unsere Gegenwart trafen.

Ein paar Dutzend Kilometer weiter, in einem Café in Haifa, sitzt Yaron mit einem gemischten Gefühl von Stolz und Besorgnis vor einem Nachrichtenbericht über die israelischen Verteidigungskräfte. Seine Tochter Noa ist gerade 18 geworden und hat ihren obligatorischen Militärdienst angetreten.

"Sie war schon immer so temperamentvoll", sagt Yaron und sieht sich ein Foto der jüngeren Noa an, die am Strand spielt. "Schon als Kind hatte sie dieses Gefühl von Zielstrebigkeit, diese Überzeugung, dass sie eine Rolle für ihr Land zu spielen hat."

Als Vater hatte Yaron auf einen anderen Weg für sie gehofft, vielleicht ein Studium an einer Universität, eine Reise oder die Gründung eines eigenen Unternehmens. Aber er verstand auch das tief sitzende Pflichtgefühl, das Noa empfand.

"Jede Generation unserer Familie hat gedient", fährt er fort. "Mein Großvater kämpfte für die Unabhängigkeit des Staates. Ich war in der Einheit, die unsere Grenzen bewacht hat. Und jetzt trägt Noa ihre Uniform mit demselben Stolz." Doch hinter Yarons Stolz verbirgt sich auch eine unübersehbare Angst. "Ich habe die Kosten eines Konflikts aus nächster Nähe gesehen. Und als Elternteil wünscht man sich, dass die eigenen Kinder davon verschont bleiben. Aber das ist unsere Realität."

Zwei Geschichten, zwei Leben und zwei unterschiedliche Perspektiven. Haneens Erinnerungen an eine idyllische Vergangenheit und den Verlust des Landes ihrer Vorfahren stehen im Gegensatz zu Yarons heutigen Ängsten und Hoffnungen für die Zukunft seiner Tochter. Doch in einem Punkt stimmen beide Geschichten überein: eine tief verwurzelte Verbindung zu demselben Land und die Mühe, die sie auf sich nehmen würden, um ihre Version von Heimat zu schützen. Ihre Geschichten spiegeln die menschliche Seite eines geopolitischen Kampfes wider, in dem sich persönliche Erzählungen mit nationalen Geschichten verflechten und den palästinensisch-israelischen Konflikt nicht nur zu einer Frage von Grenzen und Rechten, sondern auch von Herzen und Köpfen machen.

Das komplizierte Netz des Friedens

Im komplizierten Ballett der internationalen Diplomatie gab es nur wenige Tänze, die so kompliziert, so herzergreifend und zuweilen so tragisch waren wie die Bemühungen um einen Frieden zwischen Israel und Palästina. Dieser Weg, der von Höhen und Tiefen, Momenten der Hoffnung und der

Verzweiflung geprägt ist, verdeutlicht die Herausforderungen, die sich stellen, wenn es darum geht, tief verwurzelte historische Narrative, divergierende Bestrebungen und geopolitische Realitäten miteinander zu vereinbaren.

1. Die frühen Gesten

Nach dem Sechs-Tage-Krieg von 1967 verabschiedete der UN-Sicherheitsrat die Resolution 242, in der der Rückzug Israels aus den im Krieg besetzten Gebieten und die Anerkennung des Rechts jedes Staates auf ein Leben in Frieden gefordert wurden. Damit wurde der Grundstein für künftige Verhandlungen gelegt, wobei der Grundsatz "Land gegen Frieden" betont wurde. Dennoch blieb der Frieden in weiter Ferne, da das Misstrauen tief saß und konkrete Schritte in Richtung eines Kompromisses nur schwer zu erkennen waren.

2. Camp-David-Abkommen (1978)

Der erste bedeutende Durchbruch war vielleicht das Abkommen von Camp David, das unter der Leitung von US-Präsident Jimmy Carter geschlossen wurde. Der israelische Premierminister Menachem Begin und der ägyptische Präsident Anwar Sadat einigten sich auf einen Rahmen, der 1979 zum historischen ägyptisch-israelischen Friedensvertrag führen sollte. Dies war zwar eine bilaterale Errungenschaft, aber sie schuf einen Präzedenzfall für den arabisch-israelischen Frieden und zeigte, dass Diplomatie, so schwierig sie auch sein mag, möglich ist.

3. Die Osloer Abkommen (1990er Jahre)

Die 1990er Jahre brachten eine neue Welle des Optimismus. Die geheimen Verhandlungen in Norwegen führten 1993 zu den Osloer Verträgen, die mit einem historischen Händedruck zwischen Yitzhak Rabin und Jassir Arafat auf dem Rasen des Weißen Hauses unterzeichnet wurden. Zum ersten Mal erhielten die Palästinenser die Selbstverwaltung in Teilen des

Westjordanlands und des Gazastreifens. Die Euphorie war jedoch nur von kurzer Dauer. Die Ermordung Rabins, die Eskalation der Gewalt und politische Veränderungen auf beiden Seiten führten dazu, dass die angestrebte Zweistaatenlösung weiterhin unerreichbar war.

4. Der Gipfel von Camp David im Jahr 2000

Als US-Präsident Bill Clinton Gespräche zwischen dem israelischen Premierminister Ehud Barak und dem Palästinenserführer Jassir Arafat vermittelte, keimten neue Hoffnungen auf. Die Differenzen, insbesondere bei Themen wie dem Status Jerusalems und den palästinensischen Flüchtlingen, waren jedoch zu groß. Auf das Scheitern des Gipfels folgte der Ausbruch der Zweiten Intifada, was einen weiteren Tiefpunkt der Friedensbemühungen bedeutete.

5. Die arabische Friedensinitiative (2002)

Die vom damaligen saudi-arabischen Kronprinzen Abdullah eingebrachte arabische Friedensinitiative bot eine vollständige Normalisierung der Beziehungen zwischen der arabischen Welt und Israel im Gegenzug für den vollständigen Rückzug Israels aus den besetzten Gebieten, einschließlich Ost-Jerusalem, und eine "gerechte Lösung" für die palästinensischen Flüchtlinge. Während diese Initiative den regionalen Dialog neu ausrichtete, stießen direkte israelisch-palästinensische Verhandlungen weiterhin auf Hindernisse.

6. Die Konferenz von Annapolis (2007) und danach

Unter der Schirmherrschaft von US-Präsident George W. Bush verpflichteten sich die israelischen und palästinensischen Führer erneut, auf eine Zweistaatenlösung hinzuarbeiten. Es kam jedoch zu keinen konkreten Fortschritten aufgrund der sich verändernden politischen Landschaft, der fortgesetzten Siedlungspolitik und der Spaltungen innerhalb der palästinensischen Führung.

Warum also ist der Frieden so schwer zu erreichen? Die Gründe dafür sind vielfältig:

- **Divergierende Narrative**: Beide Seiten haben tief verwurzelte historische Erzählungen und spirituelle Verbindungen zum Land, was zu nicht verhandelbaren Forderungen und einem Mangel an gegenseitiger Anerkennung führt.
- **Geopolitische Realitäten**: Regionale Mächte, die jeweils ihre eigene Agenda verfolgen, haben den Verlauf der Friedensgespräche oft beeinflusst.
- **Interne Spaltungen**: Sowohl Israelis als auch Palästinenser waren mit einer internen politischen Zersplitterung konfrontiert, was die Konsensbildung erschwerte.
- **Vertrauensdefizit**: Wiederholte Zyklen von Gewalt, Provokationen und vermeintlichem Verrat haben das Vertrauen untergraben, was Kompromisse noch schwieriger macht.

Der Weg zum Frieden war ein komplexes Geflecht der Diplomatie, das von Momenten der Hoffnung und der Verzweiflung durchsetzt war. Dennoch bleibt das Streben nach einer friedlichen Koexistenz bestehen, verwurzelt in dem Glauben, dass die gemeinsame Geschichte des Landes eines Tages in eine gemeinsame Zukunft münden kann.

Zweck des Buches

In der weiten Geschichte der Menschheit gibt es Konflikte, die Zivilisationen geprägt haben, Geschichten, die Nationen geformt haben, und Erzählungen, die so tiefgreifend sind, dass sie den Lauf der Welt verändert haben. Der Konflikt zwischen Israel und Palästina ist ein solches Beispiel. Aber warum sollte man sich gerade jetzt mit dieser Geschichte befassen? Und warum eine weitere Ergänzung zu der bereits umfangreichen Literatur zu diesem Thema suchen? Der Zweck dieses Buches ist vielschichtig:

- **Überbrückung von Wissenslücken**: Während der israelisch-palästinensische Konflikt oft Schlagzeilen macht, gehen die Nuancen, die Geschichte und die menschlichen Geschichten hinter den Nachrichtenartikeln oft verloren. Dieses Buch soll den Lesern einen tieferen Einblick geben und über die oberflächlichen Informationen hinausgehen.

- **Ausgewogene Einblicke**: In einer Zeit, in der Informationen oft polarisiert sind, ist eine ausgewogene Perspektive von entscheidender Bedeutung. Dieses Buch versucht, die Sichtweisen beider Seiten darzustellen, damit die Leser ihre eigenen fundierten Schlussfolgerungen ziehen können.

- **Die Menschlichkeit des Konflikts hervorheben**: Geopolitische Auseinandersetzungen werden oft abstrakt betrachtet - Karten, Verträge und hochrangige Gipfeltreffen. Durch das Einflechten persönlicher Geschichten und Anekdoten hofft dieses Buch, das Leben, die Träume und Hoffnungen der Menschen, die diesen Konflikt tagtäglich erleben, in den Vordergrund zu rücken.

- **Kontextualisierung der globalen Rolle der USA**: Wegen ihres geopolitischen Einflusses und ihrer historischen Verwicklung spielen die Vereinigten Staaten eine einzigartige Rolle in der israelisch-palästinensischen Dynamik. Für die amerikanischen Leser geht es beim Verständnis dieser Rolle nicht nur um die Außenpolitik, sondern auch darum, sich mit den übergeordneten Idealen auseinanderzusetzen, für die das Land steht.

- **Engagement anregen**: Das ultimative Ziel besteht nicht nur darin, zu informieren, sondern auch zu inspirieren. Ein informierter Leser wird zu einem bewussten Weltbürger, der in der Lage ist, sich an konstruktiven Gesprächen zu beteiligen, sich für den Frieden einzusetzen und Initiativen zu unterstützen, die Gemeinschaften einander näher bringen.

- **Ein Fundament für die Zukunft legen**: Die Jugend von heute wird die Welt von morgen erben. Indem wir sie mit Wissen, Einfühlungsvermögen und einem tieferen Verständnis ausstatten, können wir auf eine Generation hoffen, die den Dialog über die Zwietracht und die Zusammenarbeit über den Konflikt stellt.

Mit diesem Buch möchte ich keine endgültigen Lösungen anbieten oder den moralischen Zeigefinger erheben. Es geht ganz einfach darum, Licht ins Dunkel zu bringen, das Verständnis zu fördern und uns alle daran zu erinnern, dass im Mittelpunkt jeder geopolitischen Frage Menschen mit ihren eigenen Geschichten, Hoffnungen und Träumen stehen. Und im Verständnis dieser Geschichten liegt vielleicht der Schlüssel zu einer friedlicheren Zukunft.

Der palästinensisch-israelische Konflikt, ein häufiges Thema in den Schlagzeilen und internationalen Foren, zählt zu den ältesten und umstrittensten geopolitischen Konflikten weltweit. Im Mittelpunkt stehen konkurrierende Nationalismen und der Kampf um ein Heimatland in einem Gebiet am östlichen Mittelmeer, vergleichbar in der Größe mit New Jersey.

Dieses Gebiet ist aufgrund seiner kulturellen und religiösen Bedeutung für Juden, Muslime und Christen heilig. Städte wie Jerusalem, Bethlehem und Hebron sind von großer religiöser und historischer Signifikanz. Der Kampf um Kontrolle und Besitz dieser Region sowie die damit verbundenen Erzählungen bilden den Kern des palästinensisch-israelischen Konflikts.

Aus palästinensischer Perspektive handelt es sich um eine Geschichte von Vertreibung, Verlust und dem Streben nach einem eigenen Staat. Seit dem frühen 20. Jahrhundert zogen Wellen jüdischer Einwanderer nach Palästina, das damals unter britischer Kolonialherrschaft stand. Mit der Zeit verschärften sich die Spannungen zwischen der arabischen Mehrheit und der wachsenden jüdischen Gemeinschaft. Die Entscheidung der Vereinten Nationen von 1947, das Land in einen arabischen und einen jüdischen Staat aufzuteilen, wurde von Palästinensern als Affront empfunden. Die Gründung des Staates Israel 1948 führte zu Krieg und der Vertreibung Hunderttausender Palästinenser, ein Ereignis, das als Nakba, die "Katastrophe", bezeichnet wird.

Für Israelis symbolisiert die Gründung Israels die Wiedererrichtung einer jüdischen Heimat nach Jahrtausenden der Diaspora und Verfolgung. Die historischen Traumata, insbesondere der Holocaust, zementierten den Wunsch nach einem sicheren Zufluchtsort für Juden. In diesem Kontext werden die nachfolgenden Kriege und Konflikte oft als existenzielle Kämpfe um das Überleben Israels gesehen.

Komplexität ergibt sich zusätzlich durch die Gebiete, die Israel nach dem Sechstagekrieg 1967 besetzte: das Westjordanland, der Gazastreifen und Ostjerusalem. In diesen Gebieten leben Millionen Palästinenser, und es wurden israelische Siedlungen errichtet, die international als illegal betrachtet werden. Die Präsenz der Siedlungen, Sicherheitsmaßnahmen Israels und die Verwaltung dieser Gebiete sind ständige Quellen von Spannungen und Konflikten.

Das komplexe Geflecht von Fragen wie das Rückkehrrecht palästinensischer Flüchtlinge, der Status Jerusalems, die Grenzen eines potenziellen palästinensischen Staates, die Existenz israelischer Siedlungen und die Sorge um Sicherheit und Anerkennung macht die Lösung des Konflikts äußerst schwierig. Beide Seiten haben tief verwurzelte Ängste, historische Traumata und legitime Bestrebungen, die oft unvereinbar mit der Vision der anderen Seite erscheinen.

Interne Spaltungen innerhalb der israelischen und palästinensischen Gemeinschaften und der Einfluss regionaler und globaler Mächte verkomplizieren die Situation weiter. Die Bandbreite der Meinungen, von Hardlinern bis hin zu Versöhnlern, beeinflusst Tempo und Richtung der Friedensgespräche.

Um das palästinensisch-israelische Problem zu verstehen, reicht es nicht, nur die Ereignisabfolge oder die Details gescheiterter Friedensabkommen zu kennen. Man muss die Tiefe der Emotionen, der Identität und der Geschichte erkennen, die sowohl Palästinenser als auch Israelis mit dem Land verbinden, das sie beide als ihr Zuhause betrachten. Es geht darum zu verstehen, warum Kompromisse, die auf dem Papier logisch erscheinen, in der Praxis schwer umzusetzen sind.

Je tiefer man in dieses Thema eindringt, desto klarer wird, dass ein Verständnis der gegenwärtigen Komplexität des palästinensisch-israelischen Konflikts ohne Kenntnis seiner

Geschichte unmöglich ist. Die folgenden Kapitel bieten einen historischen Hintergrund, indem sie die Wurzeln des Konflikts nachzeichnen und die Ereignisse untersuchen, die die Erzählungen beider Gemeinschaften geprägt haben. Durch diese Auseinandersetzung mit der Vergangenheit soll ein klarerer Blick auf die Gegenwart geworfen und eine Zukunft vorgestellt werden, in der eine Koexistenz möglich sein könnte.

Kapitel 1: Antike Wurzeln

Das alte Kanaan und seine frühen Bewohner

Lange bevor der Begriff "Naher Osten" geprägt wurde, und Jahrtausende vor den heutigen Schlagzeilen, war das Land, das heute oft als Israel-Palästina bezeichnet wird, als Kanaan bekannt. An der Kreuzung von Kontinenten gelegen, war dieses Land schon immer mehr als nur ein Stück Erde - es war ein Mosaik von Kulturen, Geschichten und Zivilisationen.

Stellen Sie sich eine Zeit vor, in der sich das weite, blau schimmernde Mittelmeer ausdehnte und sich der fruchtbare Halbmond über die Region wölbte. Kanaan war ein Juwel in der Mitte, von der Sonne erwärmt und vom Meer umgeben, umhüllt von alten Zivilisationen. Durch seine Lage war es gesegnet und verflucht zugleich: gesegnet wegen seiner reichen Ressourcen und verflucht, weil die Imperien oft nach ihm Ausschau hielten, um es zu erobern.

Die ersten Bewohner Kanaans bildeten einen Schmelztiegel verschiedener Völker, von denen jedes eine Mischung aus Traditionen, Göttern und Lebensweisen mitbrachte. Sie gründeten Stadtstaaten, darunter Jericho, eine der ältesten durchgehend bewohnten Städte der Welt. Diese Kanaaniter waren nicht nur passive Bewohner, sondern auch Händler, Handwerker und Innovatoren. Ihr Einfluss verbreitete sich durch Handelsnetze, die sie mit der weiteren antiken Welt von Ägypten bis Mesopotamien verbanden.

Im Laufe der Zeit wanderten verschiedene Gruppen in das Land ein oder drangen in es ein. Zu ihnen gehörten die Hebräer, die den biblischen Berichten zufolge nach einem Aufenthalt in Ägypten nach Kanaan kamen. Ihre Geschichte, die von Bund, Exil und Rückkehr geprägt war, legte das geistige Fundament für das, was später zum Judentum wurde. Das Land war Zeuge ihrer Geschichten, von der Reise des Patriarchen Abraham bis zum Reich Davids und Salomos.

Doch Kanaan war nicht allein Schauplatz der biblischen Erzählungen. Die ägyptischen Pharaonen, die von seiner Anziehungskraft angezogen wurden, wagten sich oft nach Kanaan und hinterließen Relikte und Inschriften. Das Land bekam auch den Vormarsch der assyrischen Stiefel und die Ausdehnung des babylonischen Reiches zu spüren. Jedes Reich, das Kanaan berührte, hinterließ eine Schicht, die zu seinem reichen Mosaik beitrug.

Im Grunde war Kanaan ein Ort der Begegnung - ein Ort, an dem sich Geschichten überschnitten, an dem sich Kulturen vermischten und an dem uralte Geschichten in die Steine gemeißelt wurden. Diese lebendige Vergangenheit, die von Geschichten über Glauben, Handel und Wandel geprägt war, bildete die Grundlage für die späteren Ereignisse, die die Region prägen sollten.

Auf unserer Reise vom alten Kanaan in die Zukunft ist es wichtig, sich an diese Gründungszeit zu erinnern. Das Erbe des Landes ist nicht nur eine Kulisse für die heutigen Konflikte, sondern auch ein Zeugnis für eine Zeit, in der verschiedene Völker nebeneinander lebten, und eine Erinnerung an die tiefen Wurzeln, die viele mit dieser geschichtsträchtigen Landschaft haben.

Jüdische Königreiche und römische Herrschaft

Nach den Überlieferungen des alten Kanaans nahm die Geschichte des Landes eine entscheidende Wende mit dem Aufstieg der jüdischen Königreiche und der Einflussnahme der römischen Herrschaft.

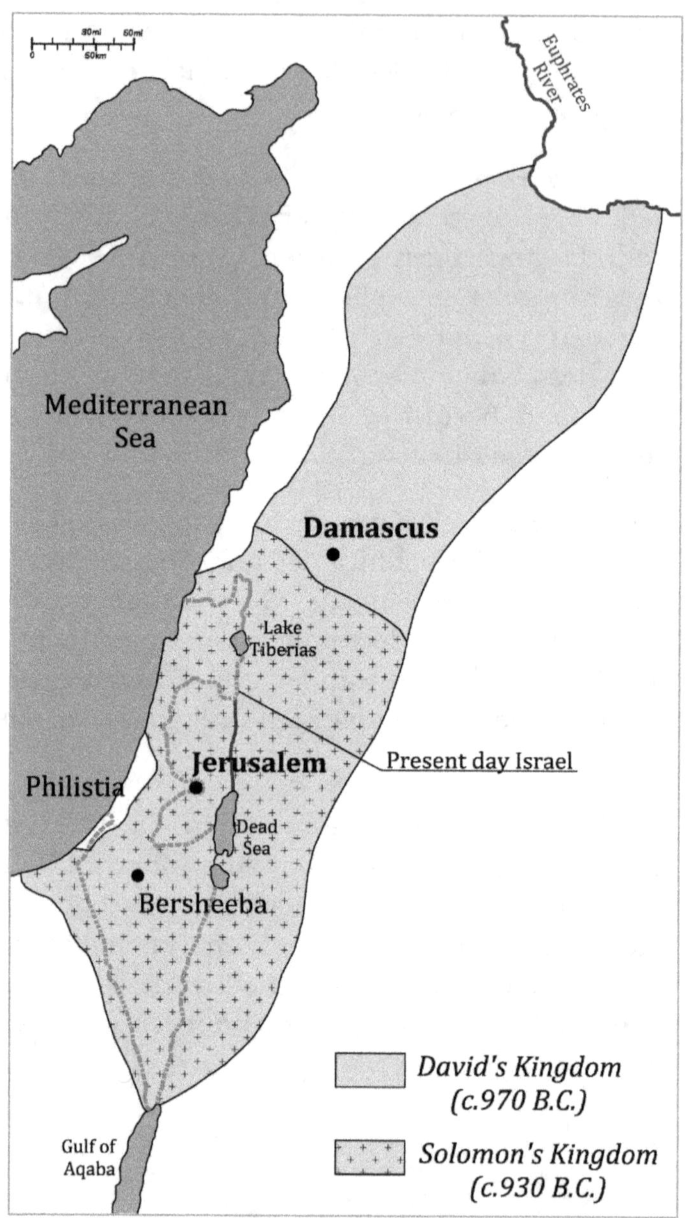

Israel in biblischen Zeiten - *Biblische Aufzeichnungen legen nahe, dass König David um 1000 v. Chr. die jüdischen Stämme vereinigte. Sein Reich erstreckte sich wahrscheinlich vom Golf von Akaba bis zum Euphrat, mit Ausnahme von Philisterland, das im heutigen Gazastreifen liegt. Nach dem Tod seines Sohnes Salomo, 70 Jahre später, teilte sich das Reich in zwei schwächere Staaten: Israel, das 722 v. Chr. an Assyrien fiel, und Juda, das schließlich 586 v. Chr. von Babylon erobert wurde.*

Die Geschichte der Israeliten, die sich in Kanaan niederließen, begann, die Struktur der Region zu verändern. Unter Führern wie König David vereinigten die Israeliten die zwölf Stämme und gründeten das Königreich Israel. Davids Sohn Salomo baute dieses Erbe weiter aus und errichtete den Ersten Tempel in Jerusalem, ein monumentales Bauwerk, das nicht nur als religiöses Zentrum diente, sondern auch die Einheit und Identität des jüdischen Volkes symbolisierte. Jerusalem wurde zu mehr als nur einer Hauptstadt; es war das Zentrum einer geistigen und kulturellen Renaissance.

Doch wie bei vielen Aufstiegsgeschichten gab es auch Zeiten des Niedergangs. Das vereinte Königreich spaltete sich schließlich in zwei Teile - Israel im Norden und Juda im Süden. Die Schicksale dieser beiden getrennten Einheiten waren mit größeren Reichen verflochten, von den Assyrern bis zu den Babyloniern. Die Eroberung Judas durch die Assyrer führte zur Zerstörung des salomonischen Tempels und zum Beginn des babylonischen Exils, einem ergreifenden Kapitel der jüdischen Geschichte.

Doch das Land erlebte, unverwüstlich wie es war, eine Wiedergeburt. Nachdem die Perser die Babylonier gestürzt hatten, erlaubten sie den Juden, zurückzukehren und das Land wieder aufzubauen. Der Zweite Tempel entstand und symbolisierte Wiedergeburt und Erneuerung.

Doch als sich die Geschichte weiterdrehte, trat ein neuer Akteur auf den Plan: die Römer. Zunächst war ihre Herrschaft indirekt, indem sie lokale Herrscher wie Herodes den Großen unterstützten, der für seine großartigen architektonischen Leistungen bekannt war, einschließlich des Ausbaus des Zweiten Tempels. Doch die römische Geduld mit der regionalen Autonomie ließ mit der Zeit nach, was zu einer direkten Herrschaft und der Auferlegung der römischen Kultur und Staatsführung führte.

Die Juden, die ihre eigene Identität und ihre Traditionen

hochhielten, gerieten oft in Konflikt mit den römischen Oberherren. Es kam zu Rebellionen, von denen die größte der große jüdische Aufstand im Jahr 66 n. Chr. war. Die Folgen waren katastrophal: Der Zweite Tempel, das bleibende Symbol der jüdischen Identität, wurde im Jahr 70 n. Chr. von den römischen Legionen niedergerissen.

Das Land war jedoch alles andere als still. Jerusalem blieb trotz seiner Narben ein Leuchtturm. Die jüdischen Gemeinden blieben bestehen, selbst als die römische Herrschaft in die byzantinische überging.

Diese Epoche, die von großartigen Tempeln, glühenden Königen und dem unbeugsamen Willen eines Volkes geprägt war, erinnert an den ewigen Tanz des Landes zwischen kultureller Behauptung und äußerem Einfluss. Wenn wir tiefer in die Geschichte eintauchen, werden diese Schichten, die jüdischen Königreiche und die römische Herrschaft, den sich entwickelnden Teppich der Region formen.

Frühchristliche und byzantinische Perioden

Während sich das Römische Reich über die Kontinente ausdehnte, schlug ein neuer Glaube innerhalb seiner Grenzen Wurzeln: Das Christentum. Dieser Glaube, geboren im Herzen des Landes, das wir gerade bereist haben, veränderte nicht nur die geistige Landschaft, sondern auch die politischen und kulturellen Verhältnisse.

Stellen Sie sich einen bescheidenen Zimmermannssohn, Jesus von Nazareth, vor, der durch die Berge und Täler zieht und eine Botschaft der Liebe, des Opfers und der Erlösung verkündet. Seine Lehren, anfangs nur von bescheidener Reichweite, fanden rasch Anklang und verbreiteten sich rasch. Bis zu seiner Kreuzigung in Jerusalem hatte Jesus eine große Anhängerschaft um sich geschart, und innerhalb weniger

Jahrzehnte begann dieser aufkeimende Glaube, die etablierte religiöse Ordnung herauszufordern.

Ein Wendepunkt war die Bekehrung von Saulus, einem Christenverfolger, auf der Straße nach Damaskus. Nach seiner Wiedergeburt als Paulus, belebten seine Missionsreisen und Briefe christliche Gemeinschaften in der gesamten römischen Welt.

Das Römische Reich, welches das Christentum einst als Bedrohung ansah, akzeptierte es unter der Herrschaft von Kaiser Konstantin dem Großen im frühen 4. Jahrhundert. Nach seiner dramatischen Bekehrung, die durch die Vision eines Kreuzes am Himmel symbolisiert wurde, führte Konstantin seine militärischen Erfolge auf den christlichen Gott zurück. Das Edikt von Mailand im Jahr 313 n. Chr. stellte einen Wendepunkt dar, denn es gewährte den Christen religiöse Toleranz und ebnete den Weg für den Aufstieg des Christentums zur Staatsreligion.

Unter Konstantin erfuhr die Landschaft unseres geschichtsträchtigen Landes eine bedeutende Veränderung. Das von früheren Aufständen gezeichnete Jerusalem wurde durch den Bau bedeutender christlicher Stätten wiederbelebt, darunter die Grabeskirche, die als Ort der Kreuzigung und Auferstehung Jesu gilt. Die byzantinischen Kaiser schmückten das Land mit prächtigen Kirchen, Klöstern und komplizierten Mosaiken.

Diese Zeit war jedoch auch nicht ohne Herausforderungen. Theologische Streitigkeiten, wie z. B. Debatten über das Wesen Christi, führten zu erheblichen internen Spaltungen innerhalb der christlichen Gemeinschaft. Diese Kontroversen führten manchmal zu Konzilien, Verbannungen und sogar Verfolgungen und spiegelten das komplexe Zusammenspiel von religiöser und politischer Macht wider.

Im Laufe der byzantinischen Epoche entwickelte sich das Land zu einem vielfältigen Geflecht christlicher Sekten, von denen jede ihre eigene Interpretation des Glaubens vertrat, die jedoch alle durch die gemeinsame Verehrung eines Zimmermanns verbunden waren, der einst durch die Straßen des Landes ging. Diese Epoche hinterließ unauslöschliche Spuren in der Region, indem sie das Spirituelle mit dem Imperialen verknüpfte und das Schicksal des Landes und seiner Menschen entscheidend prägte.

Wenn wir über die frühchristliche und byzantinische Zeit nachdenken, sehen wir eine Zeit, in der der Glaube jeden Aspekt des Lebens tiefgreifend beeinflusste. Die Auswirkungen dieser Epoche mit ihrer Verschmelzung von Glaube, Kunst und Imperium wirken bis heute nach und verdeutlichen den anhaltenden Einfluss dieser transformativen Jahrhunderte.

Kapitel 2: Arabische und osmanische Herrschaft

Frühe islamische Eroberungen

Während sich das Byzantinische Reich in seinem christlichen Ruhm sonnte, erhob sich in den Wüsten Arabiens ein neuer Wind, der eine neue Offenbarung und einen Glauben mit sich brachte, der die Welt umgestalten sollte: Den Islam.

Alles begann mit Mohammed, einem Kaufmann aus Mekka, der sich zu Beginn des 7. Jahrhunderts in eine Höhle zurückzog, um zu meditieren. Er berichtete, dass er dort göttliche Botschaften vom Engel Gabriel erhielt. Diese Offenbarungen, die sorgfältig aufgezeichnet wurden, bildeten den Koran, die heilige Schrift des Islam. Mohammeds Lehren von Monotheismus, sozialer Gerechtigkeit und Gemeinschaft verbreiteten sich rasch auf der arabischen Halbinsel, vereinigten Stämme und brachten eine neue religiöse und politische Einheit hervor.

Mitte des 7. Jahrhunderts begannen die muslimischen Armeen, gestärkt durch ihren Glauben und angeführt von den Raschidun-Kalifen, eine Reihe von Expeditionen über Arabien hinaus. Das byzantinische und das sassanidische Reich, so großartig sie auch waren, waren durch jahrelange Konflikte geschwächt worden. Diese Umstände, gepaart mit dem Eifer der muslimischen Krieger und der Anziehungskraft des neuen Glaubens, ermöglichte rasche islamische Eroberungen.

Die Eroberungen waren zwar in erster Linie militärische Feldzüge, zeichneten sich aber auch durch ein gewisses Maß an religiöser Toleranz aus, was für die damalige Zeit besonders bemerkenswert war. So wurde beispielsweise in Palästina der Übergang zur muslimischen Herrschaft nach der Schlacht von Yarmouk im Jahr 636 n. Chr. durch Vereinbarungen erleichtert, die der christlichen Mehrheit Sicherheit und Religionsfreiheit garantierten. Die Vorgehensweise der muslimischen Eroberer stand im Gegensatz zu den Verfolgungen, die manchmal von den byzantinischen Herrschern praktiziert wurden, und führte in vielen Gebieten zu einem relativ reibungslosen Übergang.

Jerusalem, die Stadt der Propheten, öffnete ihre Tore für den Kalifen Umar, der berühmt dafür war, die Heiligkeit der christlichen Stätten aufrechtzuerhalten. Damit legte er den Grundstein für eine Stadt, in der mehrere Religionen koexistieren konnten. Unter muslimischer Verwaltung erlebte Jerusalem eine Renaissance. Der Bau des Felsendoms auf dem Tempelberg im späten 7. Jahrhundert mit seiner ikonischen goldenen Kuppel war ein Zeugnis für die Ehrfurcht des Islam vor der Stadt.

Die frühe islamische Periode war nicht nur von militärischen Eroberungen geprägt, sondern auch von einem regen kulturellen und wissenschaftlichen Austausch. Christliche, jüdische und muslimische Gelehrte trafen sich in Städten wie Damaskus und Bagdad, um intellektuelle Debatten zu führen, alte Texte zu übersetzen und nach Wissen zu streben. Diese

Verschmelzung von Kulturen und Ideen führte zu Fortschritten in verschiedenen Bereichen, darunter Wissenschaft, Mathematik und Philosophie.

Wenn man über diese Epoche nachdenkt, wird deutlich, dass die frühen islamischen Eroberungen mehr als nur eine territoriale Expansion brachten. Sie läuteten eine Ära der Koexistenz, der intellektuellen Neugier und der kulturellen Verschmelzung ein, die einen neuen Faden in das historische und kulturelle Gefüge des Nahen Ostens gesponnen hat. Diese Periode bildete die Grundlage für das Goldene Zeitalter des Islams, das einen nachhaltigen Einfluss auf die Weltzivilisation ausübte.

Kreuzzüge und christliche Herrschaft

Im Laufe der Geschichte unseres geschichtsträchtigen Landes sind Reiche aufgestiegen und untergegangen, wobei jedes eine unauslöschliche Spur hinterlassen hat. Als das 11. Jahrhundert anbrach, deuteten ferne Echos aus Europa auf eine weitere monumentale Veränderung hin: die Kreuzzüge, eine Reihe von Militärexpeditionen mit dem Ziel, das Heilige Land von seinen muslimischen Herrschern zurückzuerobern.

Der Aufruf wurde von Papst Urban II. im Jahr 1095 gestartet. In mitreißenden Reden rief er die christlichen Königreiche Europas auf, sich auf eine heilige Mission einzulassen. Er beschrieb eindringlich das Leid der christlichen Brüder im Osten und betonte die Notwendigkeit, die heilige Stadt Jerusalem zu befreien. Die Resonanz war immens: Ritter, Adlige und Bauern machten sich gleichermaßen auf den Weg, angetrieben von einer Mischung aus Frömmigkeit, Abenteuer und der Verlockung möglicher Reichtümer.

Im Jahr 1099 durchbrachen die ersten Kreuzfahrer nach einem zermürbenden Feldzug die Mauern Jerusalems. Die Belagerung

Jerusalems gipfelte in einer blutigen Eroberung, bei der die muslimischen und jüdischen Einwohner der Stadt nachweislich abgeschlachtet wurden. Dieses Ereignis hinterließ ein dauerhaftes Vermächtnis der Feindseligkeit und des Misstrauens, das Jahrhunderte überdauern sollte.

Mit der anschließenden Gründung des lateinischen Königreichs Jerusalem wurde ein neues Kapitel aufgeschlagen. Fast zwei Jahrhunderte lang gab es in der Region verschiedene Kreuzfahrerstaaten, die ihre Herrschaft mit Burgen festigten und Allianzen schmiedeten. Ihre Herrschaft war jedoch nicht monolithisch, sondern wurde von Kämpfen, Verträgen und sogar von Zeiten friedlicher Koexistenz mit ihren muslimischen und jüdischen Untertanen unterbrochen.

Die Beziehungen zwischen den Kreuzfahrern und der lokalen Bevölkerung waren komplex und vielschichtig. Neben Konflikten und Feindseligkeiten gab es auch Zeiten des Handels und des kulturellen Austauschs. Die Kreuzfahrer führten neue landwirtschaftliche Praktiken und architektonische Stile ein, die die Region nachhaltig prägten.

Die Anwesenheit der Kreuzfahrer war jedoch nicht von Dauer. Die muslimischen Streitkräfte unter Anführern wie Saladin sammelten sich und eroberten große Territorien zurück. Saladins Rückeroberung Jerusalems im Jahr 1187 war ein Wendepunkt, der den Niedergang der Macht der Kreuzritter in der Region einläutete. Mit dem Fall von Akkon im Jahr 1291 ging das Kapitel der Kreuzfahrer im Heiligen Land zu Ende.

Rückblickend betrachtet, waren die Kreuzzüge mehr als nur Schlachten und Belagerungen. Sie waren ein kultureller und religiöser Knotenpunkt, an dem der Osten auf den Westen traf und der Handel, Übersetzungsbemühungen und sogar architektonische Einflüsse mit sich brachte, die das gotische Europa prägten. Die Auswirkungen der Kreuzzüge waren weit über die Schlachtfelder hinaus zu spüren und beeinflussten die wirtschaftlichen, kulturellen und religiösen Aspekte des Lebens in der Region.

Dennoch blieben die Narben der Kreuzzüge bestehen. Die Erinnerung an diese glühenden Feldzüge, sowohl an ihre Erfolge als auch an ihre Gräueltaten, dient als ergreifende Erinnerung an die Komplexität der Verbindung von Glaube und Imperium und an den ewigen Tanz von Konflikt und Koexistenz, der unser Land bestimmt.

Osmanische Zeit

Aus den weiten anatolischen Ebenen entstand ein Reich, das das Schicksal unseres Landes für Jahrhunderte bestimmen sollte: das Osmanische Reich. Gegründet im 13. Jahrhundert, nahmen die Osmanen im 16. Jahrhundert unter der Führung von Sultan Selim I. den Nahen Osten ins Visier.

Bis 1517 beanspruchten die Osmanen das Herz der arabischen Welt, einschließlich Ägypten und vor allem Palästina. Obwohl diese territoriale Eroberung hauptsächlich politischer und militärischer Natur war, hatte sie auch einen symbolischen Charakter. Mit Jerusalem unter seiner Kontrolle kontrollierte das Osmanische Reich nun alle drei großen heiligen Städte Abrahams: Mekka, Medina und Jerusalem.

Unter der osmanischen Herrschaft erlebte das Land eine Ära der relativen Stabilität und Entwicklung. Infrastrukturprojekte wie Straßen und Wassersysteme wurden in Angriff genommen, und Städte wie Jerusalem, Jaffa und Haifa erlebten ein bedeutendes Wachstum. Die Osmanen führten das Millet-System ein und gewährten den Religionsgemeinschaften – Muslimen, Christen und Juden – ein gewisses Maß an Autonomie. Diese Politik förderte ein gewisses Maß an Koexistenz und bewahrte die lokalen Traditionen, indem sie es diesen Gemeinschaften ermöglichte, sich in Fragen des persönlichen Status und in religiösen Angelegenheiten selbst zu verwalten.

Die osmanische Zeit war jedoch nicht frei von Herausforderungen. Mit der Ausdehnung des Reichs kamen administrative und logistische Schwierigkeiten auf. Die Weite des Reiches erschwerte eine zentralisierte Verwaltung und führte in vielen Bereichen zu lokaler Autonomie, was manchmal zu Vernachlässigung oder Missmanagement führte.

Im 19. Jahrhundert, als die europäischen Mächte begannen, ihren Einfluss in der Region geltend zu machen, geriet das Osmanische Reich zunehmend unter Druck von außen. Die Versuche des Reiches, sich zu modernisieren und zu zentralisieren, wie z. B. durch die Tanzimat-Reformen, waren von unterschiedlichem Erfolg gekrönt. Diese Reformen zielten darauf ab, das Reich wiederzubeleben, lösten aber auch Spannungen zwischen Traditionalisten und denjenigen aus, die radikalere Veränderungen befürworteten.

Der Bau der Hejaz-Eisenbahn, mit der die Pilgerrouten verbessert und die Kontrolle über die entfernten Gebiete des Reiches gefestigt werden sollte, war eine der wichtigsten infrastrukturellen Veränderungen. Diese Initiative konnte jedoch die Auswirkungen des inneren Verfalls und des äußeren Drucks nicht ausgleichen.

Das späte 19. und das frühe 20. Jahrhundert waren auch die Anfänge der zionistischen Bestrebungen. Jüdische Einwanderer, die von einer Kombination aus spirituellen und nationalistischen Motiven angetrieben wurden, begannen sich in Palästina niederzulassen. Diese zunächst kleine Bewegung sollte schließlich eine entscheidende Rolle für die Zukunft der Region spielen.

Mit dem Ende des Ersten Weltkriegs endete die Herrschaft des Osmanischen Reichs über Palästina und weite Teile der arabischen Welt und läutete eine neue Ära ein, die von wechselnden Loyalitäten, nationalen Bestrebungen und schließlich der Entstehung moderner Nationalstaaten geprägt war.

Betrachtet man die osmanische Zeit, so stellt man fest, dass sie nicht nur eine Epoche der Herrschaft war, sondern auch ein Kreuzungspunkt verschiedener Kulturen, in dem sich Traditionen vermischten und die Saat für zukünftige Erzählungen gelegt wurde. Die Komplexität dieser Epoche mit ihrer Mischung aus Stabilität und Wandel bildete die Grundlage für die tiefgreifenden Veränderungen, die folgten.

Kapitel 3: Zionismus und arabischer Nationalismus

Das Entstehen des Zionismus

Als das 19. Jahrhundert in Europa begann, breitete sich der Nationalismus über die Nationen aus. Er weckte kollektive Identitäten und Träume von Staatlichkeit. Inmitten dieses Eifers entstand in der jüdischen Diaspora eine Bewegung, die ihre Wurzeln in einem jahrtausendealten geistigen Verlangen hatte. Diese wurde durch die Herausforderungen der Gegenwart weiter beflügelt: Der Zionismus.

Im Kern strebte der Zionismus nach einem nationalen Heimatland für das jüdische Volk in Palästina – dem biblischen Zion. Die Sehnsucht nach einer Rückkehr nach Zion war seit Jahrhunderten in den jüdischen Gebeten verankert. Die moderne zionistische Bewegung war auch eine Reaktion auf den zunehmenden Antisemitismus, besonders in Osteuropa und Russland.

Theodor Herzl, ein Wiener Journalist, wird oft als der Vater des modernen Zionismus angesehen. Er wurde mit dem zunehmenden Antisemitismus in Europa konfrontiert, dessen

Höhepunkt er in der Beobachtung der Dreyfus-Affäre fand. Dabei wurde ein jüdischer französischer Hauptmann zu Unrecht des Hochverrats beschuldigt. Dies beeinflusste Herzl zutiefst. Seine Abhandlung "Der jüdische Staat", veröffentlicht 1896, formulierte eine Vision für einen souveränen jüdischen Staat. Herzl vertrat die Ansicht, dass die Schaffung eines jüdischen Heimatlandes die einzige Lösung für das Problem des zunehmenden Antisemitismus und der fehlenden nationalen Zugehörigkeit der Juden in Europa sei.

Die Bewegung gewann schnell an Schwung. 1897 berief Herzl den Ersten Zionistenkongress in Basel (Schweiz) ein. Dieser vereinte die verschiedenen jüdischen Gruppierungen mit dem gemeinsamen Ziel, eine jüdische Heimstätte zu schaffen. Der Kongress markierte die formelle Gründung der Zionistischen Organisation und festigte Palästina als den gewünschten Standort für einen jüdischen Staat.

Neben der ideologischen Entwicklung wurden auch praktische Schritte zur Staatsgründung unternommen. Die "Erste Alija", eine Welle jüdischer Einwanderung in das von den Osmanen kontrollierte Palästina, begann im späten 19. Jahrhundert. Diese frühen zionistischen Siedler, angetrieben von spirituellen und nationalistischen Motiven, begannen, das Land zu kultivieren, Farmen zu gründen und Gemeinden aufzubauen. Sie legten damit den Grundstein für zukünftige Einwanderungswellen.

Die zionistische Bewegung war jedoch nicht homogen. Sie umfasste verschiedene Gruppierungen mit unterschiedlichen Visionen für den künftigen Staat. Einige Gruppen stellten sich eine sozialistische Gesellschaft vor, andere einen Zufluchtsort für traditionelles jüdisches Leben. Wieder andere versuchten, beide Bestrebungen zu vereinen und eine einzigartige israelische kulturelle Identität zu schaffen.

In dieser Zeit regte sich auch der erste arabische Widerstand gegen den Zionismus. Die einheimische arabische Bevölkerung in Palästina sah in der zunehmenden jüdischen Einwanderung eine Bedrohung für ihre eigenen nationalen Bestrebungen. Sie begannen, ihre Besorgnis zu äußern und Widerstand zu leisten.

Zusammenfassend lässt sich sagen, dass die Entstehung des Zionismus ein komplexes Geflecht aus Hoffnung, Widerstandsfähigkeit und aufkeimenden Konflikten darstellt. Es war eine Bewegung, die aus einer jahrhundertealten geistigen Verlangen der Juden hervorging, verstärkt durch die unmittelbaren Bedürfnisse der damaligen Zeit. Der Zionismus sollte die Zukunft des jüdischen Volkes entscheidend prägen und einen unauslöschlichen Eindruck in der Geschichte und Politik des Nahen Ostens hinterlassen.

Frühe jüdische Siedlungen

Mit dem Aufkommen des Zionismus begannen die theoretischen Bestrebungen der Bewegung, sich in praktischen Handlungen zu zeigen. Jüdische Pioniere, getrieben von einer Mischung aus Leidenschaft und Zielstrebigkeit, begannen nach Palästina auszuwandern und legten den Grundstein für die frühen jüdischen Siedlungen.

Das späte 19. und das frühe 20. Jahrhundert waren von bedeutenden Migrationsbewegungen geprägt, die als "Aliyahs" (jüdische Einwanderungswellen nach Palästina) bekannt sind. Bei der ersten Alija (1882-1903) kamen vor allem osteuropäische Juden in Palästina an. Diese Pioniere, die oft vor Pogromen und Verfolgung in ihren Heimatländern flohen, wurden nicht nur von religiösen Bestrebungen angetrieben, sondern auch von dem Wunsch nach einem besseren Leben in ihrer angestammten Heimat. Ihre Reise war nicht nur eine geografische Umsiedlung, sondern auch ein tiefgreifender ideologischer Wandel: von der passiven Sehnsucht nach dem

Land Zion hin zur aktiven Besiedlung und Kultivierung.

Diese frühen Siedler sahen sich zahlreichen Herausforderungen gegenüber. Die rauen und ungewohnten Bedingungen des Landes, malariaverseuchte Sümpfe und die mühsame Aufgabe der Landwirtschaftsarbeit stellten ihre Entschlossenheit auf die Probe. Doch ihre Beharrlichkeit verwandelte das schwierige Terrain in ertragreiche Farmen und Weinberge. Rishon LeZion, eine der ersten Siedlungen, die 1882 gegründet wurde, wurde zu einem Symbol für diesen Wandel und verkörpert den Pioniergeist der frühen zionistischen Bewegung.

Die zweite Alijah (1904-1914) brachte einen anderen Charakter von Einwanderern mit sich. Viele von ihnen waren jünger, von sozialistischen Idealen inspiriert und von einem glühenden Glauben an ein kollektives Leben beseelt. Sie führten das Konzept des Kibbuz ein, gemeinschaftliche Bauernhöfe, in denen Eigentum und Ressourcen gemeinsam genutzt wurden und die ihre Vision einer egalitären Gesellschaft widerspiegelten. Diese Siedlungen waren nicht nur Wohnorte, sondern auch Experimente in der sozialen Organisation und waren Versuche, eine neue Lebensform zu schaffen, die auf gemeinsamen Werten und gemeinschaftlicher Verantwortung beruhte.

Die Entwicklung dieser Siedlungen war jedoch nicht unumstritten. Die einheimische arabische Bevölkerung, die den zunehmenden Landerwerb und die jüdische Einwanderung beobachtete, sah diese Entwicklungen mit wachsendem Unbehagen. Das Land, in dem zuvor vielfältige Gemeinschaften zusammenlebten, wurde zu einem Brennpunkt konkurrierender nationaler Erzählungen.

Während diese frühen jüdischen Siedlungen den Grundstein für das legten, was schließlich zum Staat Israel werden sollte, säten sie ungewollt auch die Saat für künftige Konflikte. Die konkurrierenden Ansprüche auf das Land, die sich auf historische, religiöse und nationalistische Gründe stützen, sollten zu einem zentralen Aspekt des israelisch-palästinensischen Konflikts werden.

Betrachtet man die frühen jüdischen Siedlungen, so wird deutlich, dass sie mehr waren als bloße Behausungen; sie waren Verkörperungen von Hoffnung und Idealen, Zeichen eines Neuanfangs. Doch mit diesen Bestrebungen waren auch die Komplexität und die Spannungen verwoben, die die Geschichte der Region im folgenden Jahrhundert prägen sollten.

Arabische nationalistische Bewegungen

Parallel zu den aufkeimenden zionistischen Bewegungen in Palästina entstand im gesamten Nahen Osten der arabische Nationalismus. Zu Beginn des 20. Jahrhunderts sehnten sich viele Araber, vereint durch sprachliche, kulturelle und historische Bindungen, danach, sich von der osmanischen Herrschaft zu befreien und später auch von europäischen imperialen Interessen, und träumten von Autonomie, Einheit und Souveränität.

Dieser nationalistische Eifer entstand in der späten osmanischen Zeit. Die Idee des "Arabismus" oder der "arabischen Einheit" begann, insbesondere unter Intellektuellen, Militäroffizieren und in städtischen Eliten, Wurzeln zu schlagen. Ihnen schwebte ein vereinter arabischer Staat vor, der sich von der arabischen Halbinsel bis zur Levante erstrecken sollte. Diese Vision entstand nicht nur als Reaktion auf die Fremdherrschaft, sondern auch als eine Wiederentdeckung und Bekräftigung der arabischen kulturellen Identität, die durch die jahrhundertelange osmanische Herrschaft überschattet worden war.

Scharif Hussein von Mekka, eine Schlüsselfigur dieser Epoche, hatte als Scharif von Mekka eine Position von großer religiöser

Bedeutung inne. Sein Aufruf zum arabischen Aufstand gegen die Osmanen im Jahr 1916 fand in der gesamten arabischen Welt großen Widerhall. Husseins Ziel war es, ein unabhängiges arabisches Königreich zu errichten. Er ging ein Bündnis mit den Briten ein, die ihm im Gegenzug für ihre Unterstützung gegen die Osmanen im Ersten Weltkrieg arabische Unabhängigkeit versprachen.

Der arabische Aufstand war ein Wendepunkt in der arabischen Geschichte, auch wenn seine militärischen Erfolge begrenzt waren. Er markierte eine kühne Bekräftigung der arabischen nationalistischen Bestrebungen und führte dazu, dass die haschemitischen Streitkräfte unter der Führung von Husseins Söhnen Faisal und Abdullah die Kontrolle über wichtige Gebiete, darunter Damaskus, erlangten. Der Erfolg der Revolte war jedoch nur von kurzer Dauer. In der Nachkriegszeit wurde der Nahe Osten von den europäischen Mächten aufgeteilt, wobei die Bestrebungen der arabischen Bevölkerung weitgehend ignoriert wurden.

Das Sykes-Picot-Abkommen von 1916, ein Geheimpakt zwischen Großbritannien und Frankreich, legte die Aufteilung der osmanischen Gebiete im Nahen Osten zwischen den beiden Mächten fest. Dieser Verrat enttäuschte die arabischen Führer zutiefst, die an der Seite der Briten gekämpft hatten, in der Hoffnung, Unabhängigkeit zu erreichen. Das Gefühl des Verrats wurde in Palästina durch die Balfour-Erklärung noch verstärkt, die Unterstützung für ein jüdisches Heimatland in demselben Gebiet versprach, in dem die Araber nach Selbstbestimmung strebten.

In Palästina gewann die arabische Nationalbewegung in den 1920er und 1930er Jahren als Reaktion auf die zunehmende jüdische Einwanderung und Landnahme an Schwung. Es kam zu weit verbreiteten Protesten und Revolten, die das wachsende Unbehagen und den Widerstand der arabischen Bevölkerung widerspiegelten. Das Arabische Oberkomitee unter der Führung von Haj Amin al-Husseini wurde in dieser Zeit zu einer zentralen Figur, die sich vehement gegen die zionistischen Ziele wandte und für die Rechte und die Unabhängigkeit der Araber eintrat.

Der Weg des arabischen Nationalismus von den Träumen von Einheit und Unabhängigkeit bis hin zu den Realitäten der Zersplitterung und der Einmischung von außen bietet eine ergreifende Geschichte der Bestrebungen und Kämpfe einer Region. Diese Geschichte, die von hohen Idealen und späteren Enttäuschungen geprägt ist, ist für das Verständnis der komplexen und oft turbulenten Geschichte des Nahen Ostens unerlässlich. Die Geschichte des arabischen Nationalismus verdeutlicht das anhaltende Streben nach Selbstbestimmung, Identität und Souveränität in einem Land, das über Jahrhunderte hinweg von ausländischem Einfluss und internen Bestrebungen geprägt wurde.

Die Balfour-Erklärung und ihre Auswirkungen

In den Annalen der Geschichte des Nahen Ostens haben nur wenige Dokumente einen so großen Einfluss ausgeübt wie die Balfour-Erklärung. Diese britische Erklärung, die in den Wirren des Ersten Weltkriegs in nur 67 Worten zusammengefasst wurde, sollte sich über Jahrzehnte hinweg auswirken und die Geschicke und Erzählungen im Land Palästina prägen.

Die Erklärung wurde am 2. November 1917 vom britischen Außenminister Arthur James Balfour an Lord Walter Rothschild, einen führenden Vertreter der britischen jüdischen Gemeinde, verfasst: "Die Regierung Seiner Majestät betrachtet die Errichtung einer nationalen Heimstätte für das jüdische Volk in Palästina mit Wohlwollen... wobei klar festgelegt wird, dass nichts unternommen werden darf, was die bürgerlichen und religiösen Rechte der bestehenden nicht-jüdischen Gemeinschaften in Palästina beeinträchtigen könnte..."

Im Kern war die Balfour-Erklärung ein Produkt der britischen Kriegsstrategie, ein Versuch, die jüdische Unterstützung gegen die Mittelmächte zu sichern. Doch für die Zionisten war sie ein monumentaler Sieg, die erste formale Anerkennung der jüdischen nationalen Bestrebungen in Palästina durch eine Großmacht. Sie gab der zionistischen Bewegung neuen Auftrieb und verschaffte ihr ein neues Gefühl von Legitimität und Dynamik.

Der Wortlaut der Erklärung war jedoch auffallend zweideutig. Der Begriff "nationale Heimstätte" war absichtlich vage gehalten und ließ Art und Umfang der jüdischen Besiedlung offen. Diese Zweideutigkeit legte den Grundstein für künftige Konflikte, da unterschiedliche Interpretationen darüber aufkamen, was die Erklärung für die Zukunft Palästinas bedeutete.

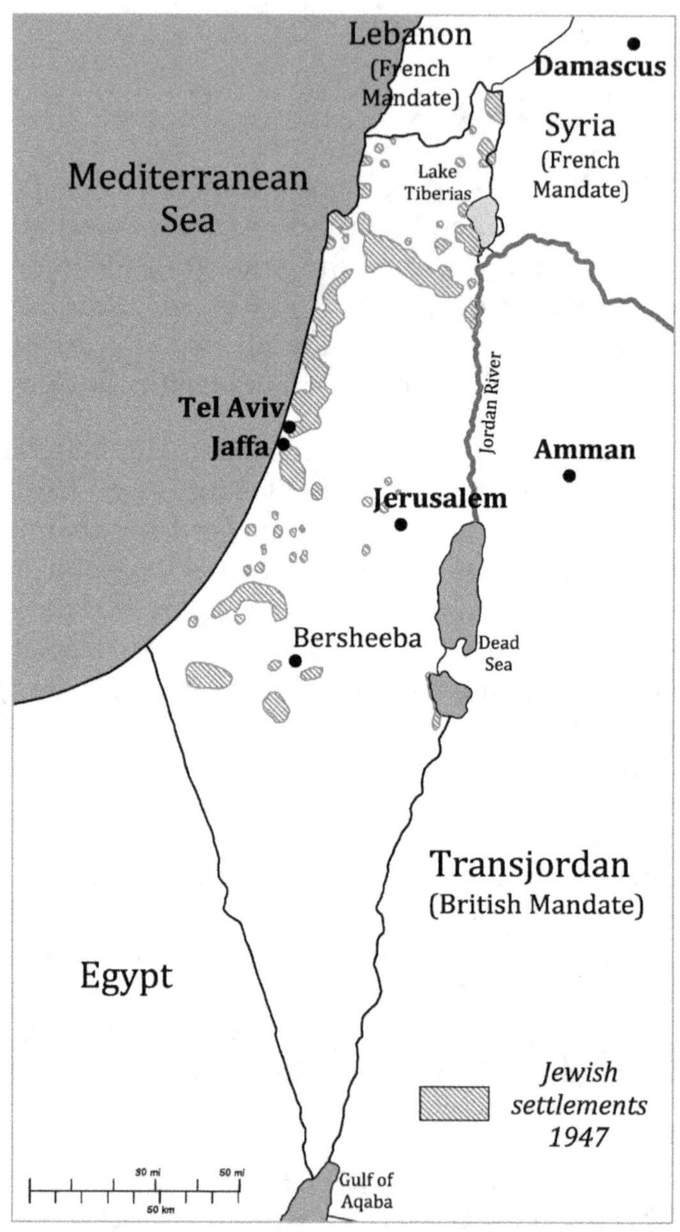

***Palästina (britisches Mandat) 1920-48** - Die Idee eines jüdischen Staates in Palästina gewann mit der Gründung der Zionistischen Weltorganisation im Jahr 1897 an Dynamik. Es folgte eine verstärkte jüdische Einwanderung aus Europa. Nach der Balfour-Erklärung von 1917, die die zionistischen Bestrebungen unterstützte, nahm die jüdische Besiedlung Palästinas zu, insbesondere nach der Einrichtung des britischen Mandats durch den Völkerbund im Jahr 1920.*

Für die arabischen Bewohner Palästinas galt die Balfour-Erklärung als ein Akt des Verrats. Sie stand in krassem Gegensatz zu den Versprechungen, die Scharif Hussein von Mekka als Gegenleistung für die Unterstützung der Briten gegen die Osmanen im Ersten Weltkrieg in Bezug auf die arabische Unabhängigkeit gemacht worden waren. Die Araber, die die Mehrheit in Palästina bildeten, fühlten sich in ihren Rechten und nationalen Bestrebungen beschnitten.

Mit dieser Erklärung schlug Großbritannien den Weg der Mandatsverwaltung in Palästina unter der Schirmherrschaft des Völkerbundes ein. Diese Zeit war durch eine zunehmende jüdische Einwanderung und Landkäufe gekennzeichnet, was die arabisch-jüdischen Spannungen verschärfte. Die zunehmende Einwanderung führte zu wirtschaftlichen und demografischen Verschiebungen, die die Ängste der arabischen Bevölkerung hinsichtlich ihrer Zukunft in diesem Land noch verstärkten.

Die Tragweite der Balfour-Erklärung für die spätere Geschichte der Region ist kaum zu überschätzen. Sie war ein Schlüsselfaktor für die verstärkte jüdische Einwanderung nach Palästina in den 1920er und 1930er Jahren und legte den Grundstein für die spätere Gründung des Staates Israel. Gleichzeitig trug sie zu einem wachsenden Gefühl der Ungerechtigkeit und Enteignung unter den Arabern bei und schuf die Voraussetzungen für den langwierigen und komplexen Konflikt, der bis heute andauert.

Im Wesentlichen wurde die Balfour-Erklärung, so kurz sie auch war, zu einem Eckpfeiler im Gebäude des palästinensisch-israelischen Konflikts. Sie symbolisierte Hoffnung für die einen und Enttäuschung für die anderen und verdeutlichte die schwierige Aufgabe, konkurrierende nationale Träume auf einem gemeinsamen Land miteinander in Einklang zu bringen.

In der Zeit zwischen den Weltkriegen war Palästina von eskalierenden Spannungen und Umwälzungen geprägt, da die Versprechungen und die Politik externer Mächte sich spürbar auf die lokale Bevölkerung auszuwirken begannen. Die durch die Balfour-Erklärung verstärkte jüdische Einwanderung verschärfte die bestehenden soziopolitischen Unruhen unter der einheimischen arabischen Bevölkerung, die sich durch die demografischen Veränderungen und die Landnahme zunehmend bedroht fühlte.

Die Große Arabische Revolte von 1936-1939 markierte einen bedeutenden Wendepunkt. Ausgelöst durch eine Kombination aus soziopolitischen Frustrationen, wirtschaftlicher Not und wachsender Furcht vor jüdischer Einwanderung kam es bei diesem Aufstand zu ausgedehnten Streiks, Boykotten und bewaffneten Auseinandersetzungen. Der Aufstand war nicht nur eine Reaktion auf die jüdische Präsenz, sondern auch eine Manifestation arabischer nationalistischer Bestrebungen und eine direkte Herausforderung der britischen Mandatspolitik.

Die britische Antwort auf den Aufstand war geprägt von militärischer Gewalt und Strafmaßnahmen, darunter Zerstörungen und kollektive Bestrafungen. Diese Maßnahmen, die darauf abzielten, den Aufstand zu unterdrücken, entfremdeten die arabische Bevölkerung weiter. Die Peel-Kommission, die 1937 eingesetzt wurde, um die Ursachen der Unruhen zu untersuchen, empfahl kontrovers die Teilung Palästinas - ein Vorschlag, der von den arabischen Führern vehement abgelehnt wurde, da sie darin einen Verrat an ihren nationalistischen Zielen und eine Verletzung ihrer Mehrheitsstellung in der Region sahen.

Als Reaktion auf die wachsenden Unruhen und die wahrgenommenen Bedrohungen wurden jüdische Verteidigungsorganisationen wie die Haganah gegründet, um die jüdischen Gemeinden zu schützen. Ursprünglich als loses Netzwerk von Verteidigungsgruppen gegründet, entwickelte sich die Haganah zu einer besser organisierten und effektiveren paramilitärischen Truppe. In dieser Zeit entstanden auch radikalere jüdische Gruppen wie die Irgun und die Stern-Bande (Lehi), die aggressivere Taktiken gegen britische und arabische Ziele anwandten. Diese Organisationen spiegelten ein Spektrum von Ideologien und Strategien innerhalb der jüdischen Gemeinschaft wider, das von defensiv bis offensiv und von gemäßigt bis extremistisch reichte.

Das Zusammenspiel von arabischen Revolten und jüdischem Widerstand unterstreicht die Komplexität dieser Zeit. Beide Seiten, getrieben von ihren jeweiligen nationalistischen Bestrebungen und Beschwerden, griffen in unterschiedlichem Maße zu Gewalt, was die Kluft weiter vertiefte. Die britische Politik, die oft inkonsequent und reaktiv war, trug zu den wachsenden Spannungen bei und versäumte es, die eigentlichen Ursachen des Konflikts anzugehen.

Am Ende des Zweiten Weltkriegs, als das ganze Ausmaß des Holocaust ans Licht kam, fand die Forderung nach einem jüdischen Heimatland zunehmend internationale Sympathie und Unterstützung. Diese Zeit bildete die Grundlage für die Entstehung des Staates Israel. Sie markierte den Beginn eines neuen, äußerst umstrittenen Kapitels in der Geschichte der Region. Sie unterstrich die tiefgreifenden Kämpfe des palästinensischen Volkes, das mit dem drohenden Verlust seines Landes und der Vertreibung konfrontiert war, was Jahrzehnte anhaltender Konflikte und Auseinandersetzungen einleitete.

Die Jahre nach dem Zweiten Weltkrieg markierten eine Periode seismischer Veränderungen auf der ganzen Welt, und das Gebiet von Palästina stand an der Spitze dieser Veränderungen. Nach dem Holocaust wurde die Dringlichkeit, die Notlage der jüdischen Flüchtlinge zu adressieren, und der wachsende Ruf nach einem jüdischen Heimatland zu einem zentralen Thema im internationalen Diskurs.

1947 wandte sich Großbritannien, das vom Krieg erschöpft und nicht in der Lage war, die konkurrierenden Ansprüche von Juden und Arabern in Palästina zu vereinbaren, an die Vereinten Nationen, um eine Lösung zu finden. Die UNO schaltete sich in diese komplexe Situation ein und gründete den Sonderausschuss der Vereinten Nationen für Palästina (UNSCOP), der die Angelegenheit untersuchen und eine Lösung vorschlagen sollte. Nach eingehender Analyse und Beratung empfahl der UNSCOP die Teilung Palästinas in einen jüdischen und einen arabischen Staat, wobei Jerusalem als corpus separatum, eine separate Einheit, unter internationaler Verwaltung stehen sollte.

Dieser Vorschlag beruhte auf der Idee, den nationalen Bestrebungen sowohl der Juden als auch der Araber gerecht zu werden, erwies sich jedoch als äußerst umstritten. Die jüdische Gemeinschaft hatte zwar Vorbehalte gegen die Einzelheiten des Plans, akzeptierte ihn aber weitgehend als pragmatischen Schritt auf dem Weg zur Eigenstaatlichkeit. Im Gegensatz dazu lehnte die arabische Gemeinschaft, sowohl innerhalb Palästinas als auch in den umliegenden arabischen Staaten, den Plan vehement ab. Sie betrachteten ihn als ungerecht und unrechtmäßig und argumentierten, dass er die jüdische Minderheit unverhältnismäßig begünstige und die Rechte der arabischen Bevölkerungsmehrheit verletze, eine Sichtweise, die besonders in der arabischen Gemeinschaft verbreitet war.

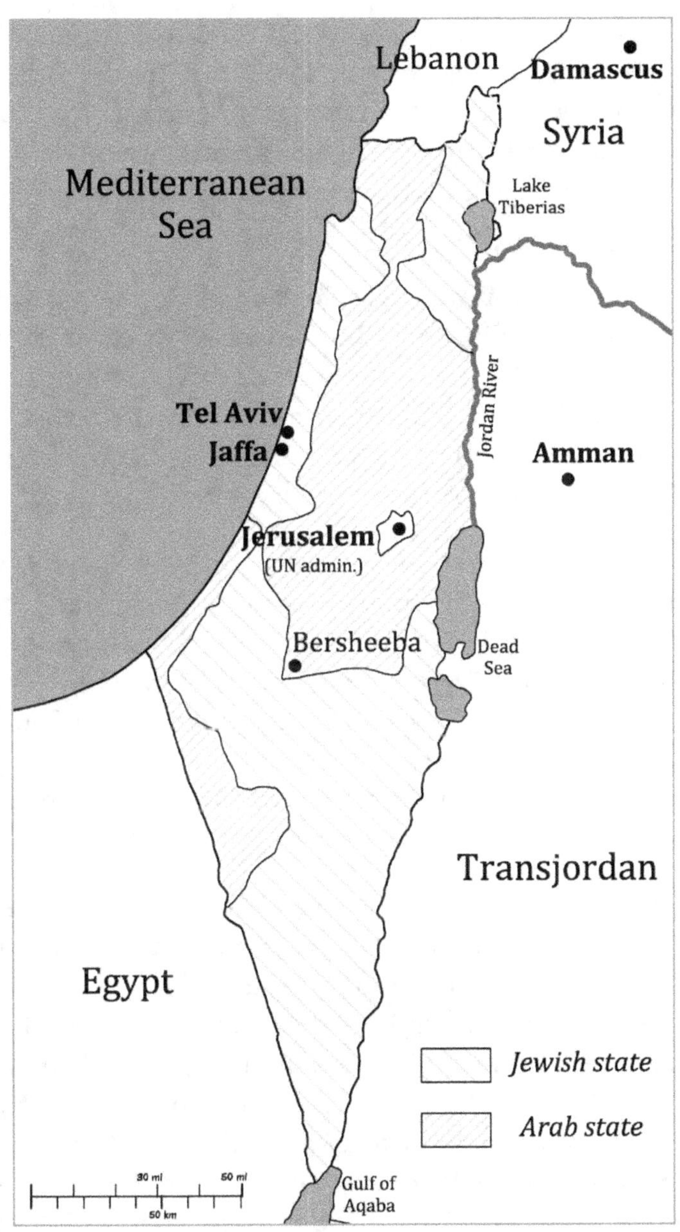

Palästina (UN-Teilungsplan) 1947 - Während der britischen Mandatszeit löste die zunehmende jüdische Besiedlung arabischen Widerstand und Konflikte aus. Der UN-Teilungsplan von 1947 schlug getrennte jüdische und arabische Staaten mit einem von der UN verwalteten Jerusalem vor, um die Spannungen zu lösen. Der Plan wurde jedoch von den arabischen Staaten abgelehnt, die nach der Unabhängigkeitserklärung Israels im Mai 1948 einmarschierten.

Die Abstimmung der UN-Generalversammlung über die Resolution 181 am 29. November 1947, mit der der Teilungsplan gebilligt wurde, war ein entscheidender Moment. Die Resolution wurde mit einer Zweidrittelmehrheit angenommen und löste bei den Juden großen Jubel, bei den Arabern jedoch tiefe Verbitterung und Proteste aus.

In den folgenden Monaten eskalierte die Gewalt zwischen den jüdischen und arabischen Gemeinschaften. Die Briten, die Palästina seit 1920 im Rahmen des Völkerbundsmandats verwaltet hatten, waren zunehmend unfähig, die Situation unter Kontrolle zu halten, und begannen, ihre Streitkräfte abzuziehen. Dieses Machtvakuum führte zu einer weiteren Verschärfung des Konflikts.

Der Höhepunkt dieser Ereignisse fand am 14. Mai 1948 statt, kurz vor dem offiziellen Ende des britischen Mandats. David Ben-Gurion, der Leiter der Jewish Agency, verkündete die Gründung des Staates Israel. Diese Erklärung wurde von den benachbarten arabischen Ländern mit einer sofortigen bewaffneten Intervention beantwortet und löste den Arabisch-Israelischen Krieg von 1948 aus.

Der UN-Teilungsplan, der eine gerechte und friedliche Lösung für die konkurrierenden Nationalismen in Palästina bieten sollte, führte stattdessen zu einer Reihe von Ereignissen, die den Konflikt noch tiefer verankerten. Das Ende der britischen Mandatszeit bedeutete nicht die Lösung der palästinensischen Frage, sondern den Beginn eines neuen und komplexeren Kapitels in der Geschichte der Region. Diese Zeit war geprägt von einem anhaltenden und vielschichtigen Konflikt zwischen Israel und seinen arabischen Nachbarn, der das Leben von Millionen von Menschen tiefgreifend beeinflusst und die geopolitische Landschaft des Nahen Ostens prägt.

Die Gründung Israels und der Krieg von 1948

Die Ausrufung des Staates Israel am 14. Mai 1948 war ein entscheidender Moment in der Geschichte des Nahen Ostens und der Welt. Dieses Ereignis war die Verwirklichung eines Jahrtausende alten Traums der Juden in aller Welt und der Höhepunkt intensiver politischer Aktivitäten und Kämpfe während der Neuzeit. Für die palästinensischen Araber und die benachbarten arabischen Staaten wurde es jedoch als direkte Herausforderung ihrer territorialen und nationalistischen Ansprüche gesehen.

Nur Stunden nach der Ausrufung des Staates Israel begann eine Koalition arabischer Staaten, darunter Ägypten, Syrien, Jordanien, Libanon und Irak, mit einer militärischen Intervention. Ihr Ziel war es, die Gründung des jüdischen Staates zu verhindern, die sie als Übergriff auf palästinensisches Land ansahen. Dieser Konflikt, bekannt als der Arabisch-Israelische Krieg von 1948 oder als Nakba (Katastrophe) aus Sicht der Palästinenser, war von heftigen Kämpfen geprägt und hatte weitreichende Folgen.

Der Krieg war durch eine Reihe entscheidender Schlachten, militärischer Strategien und bedeutender politischer Manöver gekennzeichnet. Am Ende des Krieges im Jahr 1949 hatte Israel nicht nur seine Souveränität bewahrt, sondern auch sein Territorium über die im Teilungsplan der Vereinten Nationen festgelegten Grenzen hinaus erweitert. In den Waffenstillstandsvereinbarungen wurde die Grüne Linie festgelegt, die die Kontrolllinien abgrenzte, aber keine dauerhafte Friedensregelung darstellte.

Der Krieg hatte tiefgreifende und dauerhafte Auswirkungen auf die Menschen in der Region. Eine der wichtigsten Folgen war die palästinensische Flüchtlingskrise. Schätzungsweise 700 000

Palästinenser wurden aus ihren Häusern vertrieben, was zu einer großen Diaspora führte und die Frage des Rückkehrrechts immer wieder aufwirft. Darüber hinaus sahen sich die jüdischen Gemeinden in verschiedenen arabischen Ländern Verfolgung und Gewalt ausgesetzt, was zu einer Massenflucht nach Israel führte.

Die Nachwirkungen des Krieges veränderten die geopolitische Landschaft des Nahen Ostens. Die Gründung Israels als souveräner Staat war ein Moment des Triumphs und der Erleichterung für die Juden in aller Welt, markierte aber auch den Beginn eines langen und komplexen Konflikts mit der arabischen Welt. Der Krieg verfestigte Spaltungen, schuf tief sitzende Feindseligkeiten und hinterließ ein Erbe von Vertreibung und ungelösten politischen Fragen.

Der Krieg von 1948 war daher nicht nur die Geburtsstunde einer Nation, sondern auch der Beginn anhaltender Konflikte und Unruhen in der Region. Er zeigte deutlich die Komplexität und Herausforderungen auf, die mit der Staatsgründung inmitten widersprüchlicher nationaler Ambitionen verbunden sind, und setzte die Rahmenbedingungen für zukünftige Konflikte und Friedensbemühungen.

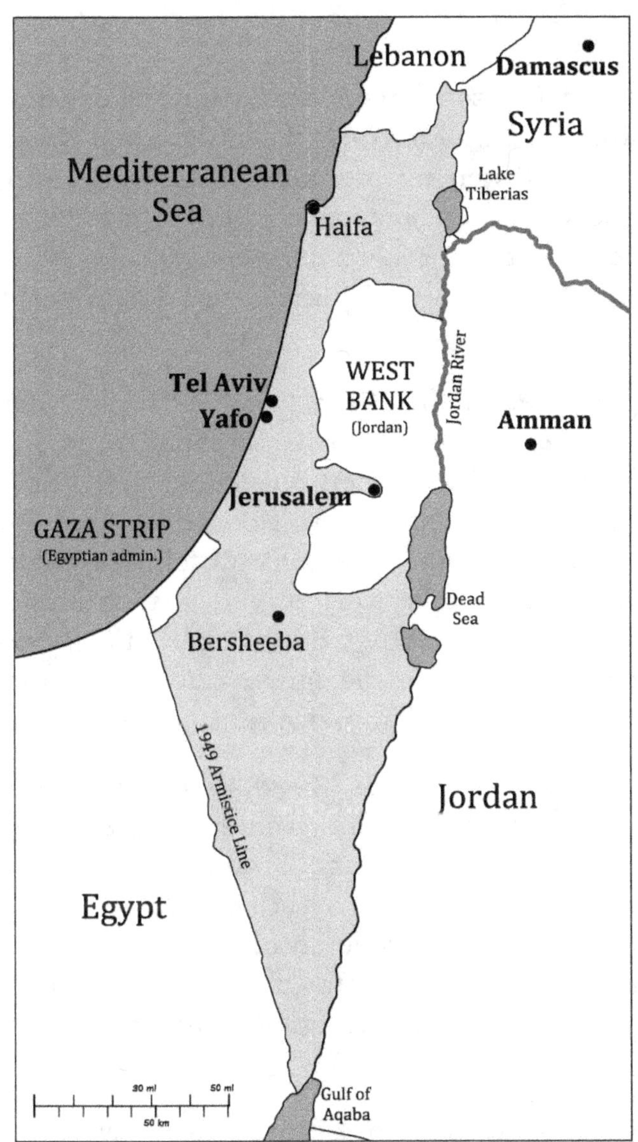

Israel 1949-67 - Nach dem Krieg von 1948-49 kontrollierte Israel mehr Gebiete als im UN-Plan vorgesehen, was dazu führte, dass etwa 750 000 Palästinenser in die arabischen Nachbarländer flohen oder vertrieben wurden. Jordanien annektierte das Westjordanland, das nur von Großbritannien und Pakistan anerkannt wurde, während Ägypten den Gazastreifen besetzte. Jerusalem wurde geteilt, wobei Israel den Westen und Jordanien den Osten, einschließlich der Altstadt, kontrollierte. Im Jahr 1950 erklärte Israel Westjerusalem zu seiner Hauptstadt, was international weitgehend nicht anerkannt wurde.

Weniger als ein Jahrzehnt nach der Gründung des Staates Israel und dem anschließenden Arabisch-Israelischen Krieg von 1948 stand der Nahe Osten mit der Suez-Krise von 1956 vor einer weiteren bedeutenden geopolitischen Umwälzung. Dieser Konflikt drehte sich um Fragen der Kontrolle, des Nationalismus und der anhaltenden Auswirkungen des Kolonialismus in der Region.

Der ägyptische Präsident Gamal Abdel Nasser, der sich als Verfechter des arabischen Nationalismus profilierte, verstaatlichte im Juli 1956 den Suezkanal. Der Kanal war eine wichtige Verkehrsader für den Seehandel und von großer strategischer Bedeutung, da er das Mittelmeer mit dem Roten Meer verband. Für Nasser war die Verstaatlichung ein mutiger Schritt, um Ägyptens Souveränität über eine lebenswichtige Ressource zu behaupten, die lange Zeit vor allem unter der Kontrolle britischer und französischer Interessen stand.

Nassers Verstaatlichung des Suezkanals war mehr als eine symbolische Bekräftigung der Unabhängigkeit; sie bedrohte direkt die wirtschaftlichen und strategischen Interessen des Westens, insbesondere die Großbritanniens und Frankreichs. Als Reaktion darauf schmiedeten diese Länder zusammen mit Israel einen geheimen Plan, um die Kontrolle über den Kanal wiederzuerlangen und Nassers Regime möglicherweise zu stürzen.

Ende Oktober 1956 begann die dreiteilige Invasion, nachdem Israel einen militärischen Vorstoß auf die Sinai-Halbinsel unternahm. Der raschen israelischen Aktion folgte bald darauf eine britische und französische Militärintervention unter dem Vorwand, die internationalen Interessen am Suezkanal zu schützen und den Frieden zu wahren. Die eigentlichen Motive hinter der Invasion wurden jedoch bald von der Weltgemeinschaft erkannt.

Die Krise rief weltweit scharfe Kritik hervor. Vor allem die Vereinigten Staaten und die Sowjetunion verurteilten die Invasion vor dem Hintergrund des Kalten Krieges. Dieser seltene Fall von Einigkeit zwischen den beiden Supermächten verdeutlichte die sich verändernde Dynamik der internationalen Politik und die abnehmende Toleranz für Interventionen im kolonialen Stil.

Angesichts des starken internationalen Drucks und der Androhung von Wirtschaftssanktionen durch die Vereinigten Staaten zogen sich die Invasionstruppen schließlich bis März 1957 zurück. Nassers Haltung gegen die Invasion stärkte sein Image als Symbol des Antiimperialismus und als Führungspersönlichkeit in der arabischen Welt, trotz der militärischen Rückschläge, die Ägypten hinnehmen musste.

Die Suez-Krise markierte einen bedeutenden Wendepunkt in der Politik des Nahen Ostens und der Welt. Sie signalisierte den schwindenden Einfluss der traditionellen europäischen Mächte in der Region und die zunehmende Bedeutung der Vereinigten Staaten und der Sowjetunion in den Angelegenheiten des Nahen Ostens. Die Krise hatte auch Auswirkungen auf den arabisch-israelischen Konflikt, verschärfte die Spannungen und schuf die Voraussetzungen für künftige militärische Konfrontationen in der Region. Die Suez-Krise veränderte also nicht nur die geopolitische Landschaft des Nahen Ostens, sondern spiegelte auch die allgemeine Verschiebung der globalen Machtdynamik in der Mitte des 20. Jahrhunderts wider.

Der Sechs-Tage-Krieg von 1967 und seine Nachwirkungen

Mitte der 1960er Jahre war der Nahe Osten eine Region am Abgrund. Israel und seine arabischen Nachbarn, die in einem Netz aus gegenseitigem Misstrauen und sporadischen Scharmützeln verstrickt waren, kamen einer größeren

Konfrontation immer näher. Die Situation erreichte 1967 einen Wendepunkt und gipfelte in einem kurzen, aber folgenreichen Konflikt, der als Sechstagekrieg bekannt wurde.

In den Wochen vor dem Krieg bereitete eine Reihe von Eskalationen den Boden für den bevorstehenden Konflikt. Die ägyptischen Streitkräfte unter Präsident Gamal Abdel Nasser mobilisierten auf der Sinai-Halbinsel und reagierten damit auf falsche Berichte über israelische Militäraufrüstung. Die ägyptische Blockade der Straße von Tiran, die für Israels Zugang zum Meer von entscheidender Bedeutung ist, verschärfte die Spannungen weiter. Das Militärbündnis zwischen Ägypten, Syrien und Jordanien und ihre zunehmend kriegerische Rhetorik verstärkten Israels Furcht vor einem bevorstehenden Mehrfrontenangriff.

Am 5. Juni 1967 startete Israel einen Präventivschlag, einen mutigen und riskanten Schritt, um die unmittelbare Bedrohung zu neutralisieren. Die israelische Luftwaffe führte einen sorgfältig geplanten Luftangriff durch, der die ägyptischen und syrischen Luftstreitkräfte effektiv lahmlegte. Diese entscheidende Aktion sicherte die Luftüberlegenheit und ermöglichte den israelischen Bodentruppen einen raschen Vormarsch, wodurch die regionale Landkarte innerhalb weniger Tage verändert wurde. Israel eroberte die Sinai-Halbinsel von Ägypten, die Golanhöhen von Syrien und das Westjordanland, einschließlich Ost-Jerusalem, von Jordanien.

Die Folgen des Sechstagekriegs waren vielschichtig: Sie umfassten militärischen Triumph, politische Veränderungen und neue Herausforderungen. Der Sieg Israels veränderte das strategische Gleichgewicht im Nahen Osten. Das Land hatte sein Territorium erheblich ausgeweitet, doch diese Expansion brachte neue Herausforderungen mit sich, insbesondere im Hinblick auf die palästinensische Bevölkerung in diesen Gebieten. Israel hatte die Kontrolle über eine bedeutende palästinensische Bevölkerung übernommen, was sowohl demografische Herausforderungen als auch Fragen zum künftigen Status der Gebiete mit sich brachte.

Am Ende des Krieges bemühte sich Israel auf diplomatischem Wege, das neu erworbene Land gegen Frieden einzutauschen. Diese Bemühungen wurden jedoch mit der Khartum-Resolution der Arabischen Liga beantwortet, in der bekanntlich die "drei Neins" formuliert wurden: kein Frieden mit Israel, keine Anerkennung Israels und keine Verhandlungen mit Israel. Diese Haltung brachte die Ablehnung der arabischen Welt gegenüber Israels Gebietsgewinnen auf den Punkt und gab den Ton für den langwierigen arabisch-israelischen Konflikt an, der darauf folgte.

Der Krieg von 1967 war zwar ein bedeutender militärischer Sieg für Israel, legte aber den Grundstein für weitere Konflikte und Kontroversen. Die während des Krieges eroberten Gebiete wurden zu einem zentralen Thema im israelisch-palästinensischen Konflikt, mit Debatten über ihren Status, die Rechte des palästinensischen Volkes und die Möglichkeit eines dauerhaften Friedens. In der Zeit nach dem Krieg entwickelte sich eine neue Dynamik in der Region, einschließlich des Aufstiegs des palästinensischen Nationalismus und eines Wandels in der Haltung der arabischen Welt gegenüber Israel. Der Sechs-Tage-Krieg war daher nicht nur ein entscheidendes militärisches Ereignis, sondern auch ein Wendepunkt, der die politische und soziale Landschaft des Nahen Ostens für die nächsten Jahrzehnte prägte.

Jom-Kippur-Krieg 1973

Nur sechs Jahre nach dem bedeutenden Sieg im Sechstagekrieg erlebte Israel einen Konflikt, der seine militärische Strategie und seine geopolitische Position tiefgreifend in Frage stellte: den Jom-Kippur-Krieg von 1973. Dieser Krieg war nicht nur eine

Probe für Israels Widerstandsfähigkeit, sondern veränderte auch die Dynamik der Politik im Nahen Osten.

Am 6. Oktober 1973, zeitgleich mit Jom Kippur, dem heiligsten Tag im jüdischen Kalender, starteten Ägypten und Syrien einen koordinierten Überraschungsangriff auf Israel. Die ägyptischen Streitkräfte rückten über den Suezkanal vor und durchbrachen die Bar-Lev-Linie, Israels beeindruckende Verteidigungsanlage, während die syrischen Truppen auf den Golanhöhen angriffen. Dieser Zweifrontenangriff überraschte Israel und beeinträchtigte seinen strategischen Vorteil erheblich.

Der anfängliche Erfolg der ägyptischen und syrischen Streitkräfte war verblüffend. Israel, das sich nach seinem Triumph von 1967 sicher und sich sogar für unbesiegbar hielt, war auf die Intensität und Koordination der arabischen Offensive nicht vorbereitet. Die ersten Tage des Krieges waren von verzweifelten Kämpfen gekennzeichnet, bei denen Israel erhebliche Verluste an Personal und Ausrüstung hinnehmen musste.

Im weiteren Verlauf des Krieges gelang es Israel jedoch, sich neu zu formieren und eine Gegenoffensive zu starten. Dieser Aufschwung wurde zum Teil durch die umfangreiche militärische Unterstützung der Vereinigten Staaten begünstigt, die eine umfangreiche Luftbrücke mit Waffen nach Israel durchführten. Die israelischen Streitkräfte konnten allmählich verlorenes Territorium zurückgewinnen und begannen, auf syrisches Gebiet vorzustoßen und die ägyptische Dritte Armee einzukesseln.

Der Krieg, der bis zum 25. Oktober anhielt, hatte erhebliche Folgen. Militärisch gelang es Israel zwar, die arabischen Streitkräfte zurückzudrängen und sogar Gebietsgewinne zu erzielen, doch der Preis dafür waren hohe Verluste in Form von Opfern und materiellen Einbußen. Die anfänglichen Erfolge Ägyptens und Syriens dienten dazu, die Moral und den Stolz der

Araber wiederherzustellen, die im Sechstagekrieg schwer beschädigt worden waren.

Politisch gesehen markierte der Jom-Kippur-Krieg einen Wendepunkt. Für Israel führte der Krieg zu einer Phase der Selbstreflexion und Neubewertung seiner militärischen und politischen Strategien. Die Wahrnehmung der Unverwundbarkeit, die sich nach dem Sechstagekrieg entwickelt hatte, wurde unwiderruflich verändert. In der arabischen Welt, insbesondere in Ägypten, boten die ersten militärischen Erfolge eine Plattform für diplomatische Initiativen. Dieser Wandel ebnete schließlich den Weg für das Camp-David-Abkommen und den anschließenden Friedensvertrag zwischen Israel und Ägypten.

Der Jom-Kippur-Krieg dauerte zwar weniger als einen Monat, hatte aber nachhaltige Auswirkungen. Er verdeutlichte die Grenzen militärischer Macht, die entscheidende Rolle internationaler Bündnisse und das komplexe Zusammenspiel von Politik und Kriegsführung im Nahen Osten. Die Nachwirkungen des Krieges unterstrichen die Notwendigkeit diplomatischen Engagements und des Strebens nach Frieden in einer Region, die häufig von Konflikten und Instabilität heimgesucht wird.

Die erste Intifada und ihre Auswirkungen

Das späte Jahrzehnt der 1980er Jahre markierte einen entscheidenden Wendepunkt im palästinensisch-israelischen Konflikt: weg von den konventionellen Kriegen der vorangegangenen Jahrzehnte hin zu einem Volksaufstand, der als Erste Intifada (arabisch für "Abschütteln") bekannt wurde. Diese Bewegung von der Basis veränderte das Gesicht des Konflikts, brachte ihn in den Alltag unzähliger Menschen und veränderte die internationale Wahrnehmung des Kampfes.

Die Intifada begann im Dezember 1987 im Gazastreifen nach einem Verkehrsunfall mit einem israelischen Lastwagen, bei dem vier Palästinenser ums Leben kamen. Dieser Vorfall war der Auslöser für die jahrelang aufgestaute Frustration der Palästinenser. Die seit 1967 von Israel besetzten palästinensischen Gebiete waren von wirtschaftlichen Schwierigkeiten geplagt, dem fortgesetzten Ausbau der Siedlungen und täglichen Konfrontationen mit den israelischen Streitkräften (IDF). Diese Bedingungen bildeten die Grundlage für weit verbreitete Proteste, Streiks und Akte des zivilen Ungehorsams, die sich schnell auf das Westjordanland und den Gazastreifen ausbreiteten.

Die Art der Ersten Intifada unterschied sich deutlich von früheren Konflikten in der Region. Sie war weitgehend durch gewaltfreie Formen des Widerstands gekennzeichnet, darunter Massendemonstrationen, Boykott israelischer Produkte und Arbeitsverweigerung in israelischen Siedlungen und Industrien. Sie beinhaltete jedoch auch konfrontativere Taktiken wie Steinwürfe und das Errichten von Straßensperren.

Die Intifada stellte für Israel eine große Herausforderung dar. Die IDF, die für die Bekämpfung konventioneller militärischer Bedrohungen ausgerüstet und ausgebildet sind, fanden sich in einem langwierigen Konflikt mit einem überwiegend zivilen Aufstand wieder. Die Anwendung von Gewalt durch das israelische Militär gegen weitgehend unbewaffnete palästinensische Demonstranten rief internationale Kritik hervor und veränderte die weltweite Meinung, wodurch der asymmetrische Charakter des Konflikts deutlich wurde.

Der Aufstand brachte bedeutende politische Veränderungen mit sich. Im Jahr 1988 erklärte die Palästinensische Befreiungsorganisation (PLO) unter der Führung von Jassir Arafat die Unabhängigkeit des Staates Palästina. In dieser Zeit änderte sich auch die Strategie der PLO: Sie ging vom bewaffneten Kampf zu einem politischen Ansatz über, der die Anerkennung des Existenzrechts Israels und die Akzeptanz einer Zwei-Staaten-Lösung beinhaltete, was eine deutliche Abkehr von ihrer bisherigen Haltung darstellte.

Die erste Intifada, die bis Anfang der 1990er Jahre andauerte, veränderte das palästinensisch-israelische Bild grundlegend. Sie führte zwar nicht zu einem sofortigen Ende der Besatzung oder zur Gründung eines palästinensischen Staates, aber sie stärkte die palästinensische nationale Identität und rückte die Notlage der Palästinenser in den Mittelpunkt der internationalen Aufmerksamkeit. Sie schuf auch die Voraussetzungen für die Osloer Abkommen und die anschließenden Friedensverhandlungen, die die dringende Notwendigkeit einer diplomatischen und politischen Lösung des langjährigen Konflikts verdeutlichten.

Osloer Abkommen

Die frühen 1990er Jahre markierten eine Zeit der vorsichtigen Hoffnung im Nahen Osten. Sie waren geprägt durch eine Reihe bedeutender Ereignisse und Verhandlungen, die in den Osloer Verträgen gipfelten. Vor dem Hintergrund der Ersten Intifada und weltweiten Veränderungen, wie dem Ende des Kalten Krieges, bot diese Ära eine Gelegenheit für einen möglichen Durchbruch im langwierigen israelisch-palästinensischen Konflikt.

Benannt nach der norwegischen Stadt, in der die ersten geheimen Gespräche stattfanden, markierten die Osloer Abkommen einen Wendepunkt in den bisherigen Friedensbemühungen. Die 1993 unterzeichneten Verträge waren die ersten direkten, persönlichen Gespräche zwischen Israel und der Palästinensischen Befreiungsorganisation (PLO). Die Verhandlungen, die zu den Abkommen führten, waren revolutionär – nicht nur wegen ihres Inhalts, sondern auch weil sie einen Wandel in der Haltung und die Anerkennung der Existenz und politischen Legitimität des jeweils anderen symbolisierten.

Das Osloer Abkommen basierte auf dem Prinzip 'Land für Frieden'. Israel erklärte sich bereit, sich schrittweise aus den palästinensischen Gebieten zurückzuziehen, während die Palästinenser im Gegenzug das Existenzrecht Israels anerkannten und sich vom Terrorismus lossagten. Dieser Austausch sollte ein erster Schritt zu einem umfassenderen Friedensprozess sein, der letztendlich zentrale Fragen wie die Grenzen, den Status von Jerusalem, die palästinensischen Flüchtlinge und die israelischen Siedlungen klären würde.

Die Unterzeichnung des Osloer Abkommens war ein bedeutender Moment, symbolisiert durch den berühmten Handschlag zwischen dem israelischen Premierminister Yitzhak Rabin und dem PLO-Vorsitzenden Yasser Arafat auf dem Rasen des Weißen Hauses, beaufsichtigt von US-Präsident Bill Clinton. Dieses Ereignis war nicht nur eine diplomatische Geste, sondern auch ein starkes Symbol für das Potenzial des Friedens in einer lange von Konflikten geprägten Region.

Das Abkommen führte zur Gründung der Palästinensischen

Autonomiebehörde (PA), die den Palästinensern ein gewisses Maß an Selbstverwaltung in Teilen des Westjordanlands und des Gazastreifens gewährte. Der Oslo-Prozess stieß jedoch auf Skepsis und Widerstand verschiedener Gruppen. Viele Palästinenser empfanden die Abkommen als unzureichend für ihre Ziele von Staatlichkeit und Souveränität, während einige Israelis Bedenken bezüglich ihrer Sicherheit hatten.

Die Jahre nach dem Oslo-Abkommen waren eine Mischung aus Hoffnung und Enttäuschung. Die Ermordung von Premierminister Yitzhak Rabin im Jahr 1995 durch einen israelischen Gegner des Friedensprozesses war ein schwerer Rückschlag für die Friedensdynamik. Nachfolgende Gewalt, politische Veränderungen und ein schwindendes Vertrauen zwischen den Parteien untergruben das Fundament von Oslo weiter.

Rückblickend haben die Osloer Verträge zwar nicht den dauerhaften Frieden gebracht, den viele erhofft hatten, sie waren jedoch ein wichtiger Schritt im israelisch-palästinensischen Konflikt. Sie demonstrierten die Möglichkeit des Dialogs und legten den Grundstein für zukünftige Friedensbemühungen. Die Osloer Abkommen bleiben ein historisches Symbol für den komplexen und andauernden Weg zu Versöhnung und Koexistenz in der Region.

Zweite Intifada

Zu Beginn des 21. Jahrhunderts trat der palästinensisch-israelische Konflikt mit dem Ausbruch der Zweiten Intifada in eine neue und gewalttätigere Phase ein. Dieser Zeitraum, der sich von 2000 bis 2005 erstreckte, war durch eine erhebliche Eskalation der Gewalt gekennzeichnet, die tiefgreifende Auswirkungen sowohl auf die palästinensische als auch auf die israelische Gesellschaft hatte.

Der unmittelbare Auslöser der zweiten Intifada war ein Besuch des damaligen israelischen Oppositionsführers Ariel Sharon im September 2000 auf dem Tempelberg, bekannt als Haram al-Sharif. Diese Stätte ist sowohl für Juden als auch für Muslime von immenser religiöser Bedeutung, und Sharons Besuch wurde von vielen Palästinensern als äußerst provokativer Akt empfunden. Der Besuch löste breite Proteste aus, die sich schnell zu einem regelrechten Aufstand ausweiteten.

Diese Variante der Intifada unterschied sich in ihrer Intensität und den angewandten Taktiken deutlich von der ersten. Der palästinensische Widerstand umfasste Selbstmordattentate in israelischen Städten, die sich gegen Busse, Cafés und belebte öffentliche Plätze richteten. Diese Anschläge offenbarten eine neue, erschütternde Dimension des Konflikts, forderten schwere zivile Opfer und lösten in der israelischen Gesellschaft ein tiefes Gefühl der Angst aus.

Als Reaktion darauf führte Israel strenge Sicherheitsmaßnahmen ein, darunter militärische Übergriffe auf palästinensische Gebiete, die Einrichtung von Kontrollpunkten und die gezielte Ermordung mutmaßlicher Militanter. Diese Maßnahmen zielten darauf ab, die Gewalt zu stoppen. Sie führten jedoch auch zu erheblichem Leid unter der palästinensischen Bevölkerung und verschärften die humanitäre Krise in den Gebieten.

Die Gewalt der Zweiten Intifada forderte in beiden Gesellschaften einen hohen Tribut, führte zu erheblichen Verlusten an Menschenleben und vertiefte die gegenseitige Feindseligkeit und das Misstrauen zwischen Israelis und Palästinensern. In den Konflikt war auch die Palästinensische Autonomiebehörde stärker involviert, die eine aktivere Rolle als während der ersten Intifada spielte. Die internationale Gemeinschaft, die durch das Ausmaß der Gewalt alarmiert war, verstärkte ihre Bemühungen um eine Friedensvermittlung und erkannte die dringende Notwendigkeit einer Lösung an.

Im Jahr 2005 hatte die Intensität des Konflikts nachgelassen, was zum einen auf den Bau der israelischen Sperranlage im Westjordanland zurückzuführen war, durch die die Zahl der Selbstmordattentate deutlich zurückging, und zum anderen auf ein allgemeines Gefühl der Müdigkeit und den Wunsch nach Frieden auf beiden Seiten. Die diplomatischen Bemühungen wurden wieder aufgenommen, um die tieferen Ursachen des Konflikts anzugehen und eine dauerhafte Lösung zu finden.

Die Folgen der zweiten Intifada hinterließen tiefe Spuren in der israelischen und palästinensischen Gesellschaft. Sie markierte eine Zeit tiefer Desillusionierung in Bezug auf den Friedensprozess und machte deutlich, wie komplex und schwierig es ist, eine dauerhafte Lösung für den langjährigen Konflikt zu finden. Das Vermächtnis dieser turbulenten Zeit beeinflusst weiterhin die Dynamik der palästinensisch-israelischen Beziehungen und unterstreicht die Notwendigkeit eines umfassenden und dauerhaften Friedensabkommens.

Kapitel 7: Die komplexe Landschaft

Palästinensische Gebiete: Westjordanland und Gaza-Streifen

Die palästinensischen Gebiete – das Westjordanland und der Gazastreifen – sind ein entscheidender Aspekt des israelisch-palästinensischen Konflikts. Diese Gebiete sind für die Palästinenser die Basis ihres zukünftigen Staates, bringen jedoch auch komplexe politische, historische und sicherheitsrelevante Herausforderungen mit sich.

Das Westjordanland, gekennzeichnet durch sein hügeliges Gelände und seine reiche historische und biblische Bedeutung, liegt im Landesinneren und grenzt im Osten an Jordanien. Diese Region umfasst auch Ostjerusalem, eine Stadt von großer religiöser Bedeutung für Muslime, Christen und Juden. Die Palästinenser betrachten Ostjerusalem als Hauptstadt ihres angestrebten Staates – eine Position, die von Israel abgelehnt wird, welches die gesamte Stadt als seine ungeteilte Hauptstadt beansprucht.

Der Gaza-Streifen, eine kleine Küstenenklave, die im Südwesten an Ägypten angrenzt, ist bekannt für seine dichte Bevölkerung und eingeschränkten Lebensbedingungen. Diese werden durch die von Israel und Ägypten verhängten Blockaden noch verschärft, was zu erheblichen humanitären Problemen führt. Einschränkungen in der Bewegungsfreiheit und im Zugang zu Ressourcen, einschließlich der von Israel begrenzten Fischereizonen, beeinträchtigen das tägliche Leben im Gazastreifen stark.

Die israelischen Siedlungen im Westjordanland, die nach 1967 errichtet und stetig erweitert wurden, gelten nach internationalem Recht als illegal, obwohl Israel dies bestreitet.

Sie haben eine fragmentierte Landschaft geschaffen, welche die Kontinuität des palästinensischen Gebietes unterbricht und die Lebensfähigkeit eines zukünftigen palästinensischen Staates in Frage stellt. Das Leben der Palästinenser im Westjordanland wird auch durch ein Netzwerk von israelischen Militärkontrollpunkten und Infrastrukturen geprägt, die Mobilität und wirtschaftliche Aktivitäten einschränken.

Die Regierungsführung in diesen Gebieten hat sich im Laufe der Jahre unterschiedlich entwickelt. Das Westjordanland steht seit den 1990er Jahren unter der administrativen Kontrolle der Palästinensischen Autonomiebehörde, die ein gewisses Maß an Selbstverwaltung bietet, jedoch im Rahmen der anhaltenden israelischen Militärpräsenz und Siedlungstätigkeit. Im Gegensatz dazu steht der Gazastreifen seit 2007 unter der Kontrolle der Hamas, die von mehreren Ländern, einschließlich Israel, den USA und der EU, als terroristische Organisation eingestuft wird. Die Aufteilung der Regierungsgewalt zwischen der Palästinensischen Autonomiebehörde im Westjordanland und der Hamas im Gazastreifen hat zu innerpalästinensischen politischen Spaltungen und wiederkehrenden Konflikten mit Israel geführt.

Um die Komplexität der israelisch-palästinensischen Frage zu verstehen, ist es unerlässlich, die Realitäten im Westjordanland und im Gazastreifen zu kennen. In diesen Gebieten spiegeln sich die wichtigsten Aspekte des Konflikts wider: das Streben nach einem eigenen Staat, die Herausforderungen der Besatzung und Regierungsführung, Sicherheitsbedenken und das komplexe Geflecht des täglichen Lebens inmitten anhaltender geopolitischer Auseinandersetzungen.

Die israelischen Siedlungen, die in den nach dem Sechstagekrieg von 1967 von Israel besetzten Gebieten errichtet wurden, repräsentieren einen der komplexesten und umstrittensten Aspekte des palästinensisch-israelischen Konflikts. Diese Siedlungen befinden sich im Westjordanland, in Ostjerusalem und bis 2005 auch im Gazastreifen. Sie werden oft als physische Manifestation der israelischen Besatzung und als bedeutendes Hindernis für den Friedensprozess gesehen.

In ihrer Größe und Ausdehnung variieren diese Siedlungen von kleinen Außenposten bis zu großen Städten und beherbergen derzeit mehrere hunderttausend israelische Siedler. Die Gründe für ihre Errichtung sind vielfältig, wobei religiöse, nationalistische und strategische Elemente eine Rolle spielen. Viele israelische Siedler sehen diese Gebiete als integralen Bestandteil ihres historischen und biblischen Erbes und vertreten den Anspruch auf Rückkehr in diese alten jüdischen Gebiete. Andere betrachten die Siedlungen als strategische Vorteile, die einen Puffer gegen potenzielle Angriffe darstellen und somit zur Sicherheit Israels beitragen.

Der Ausbau und die Präsenz dieser Siedlungen haben international für Kritik gesorgt. Die Vereinten Nationen beispielsweise sehen sie nach internationalem Recht als Verstoß gegen die Vierte Genfer Konvention, welche es einer Besatzungsmacht untersagt, ihre Zivilbevölkerung in das besetzte Gebiet zu verlegen. Israel bestreitet diese Interpretation mit dem Argument, dass die betreffenden Gebiete vor der Besetzung nicht als Teil eines souveränen Staates anerkannt waren.

Die Auswirkungen der Siedlungen auf die Palästinenser sind tiefgreifend und vielfältig. Sie symbolisieren nicht nur eine Herausforderung für die palästinensischen Bestrebungen nach einem eigenen Staat, sondern haben auch direkte und spürbare

Konsequenzen. Die Ausdehnung der Siedlungen hat zu einer Fragmentierung des Westjordanlandes geführt, was die territoriale Kontinuität, die für einen lebensfähigen palästinensischen Staat notwendig ist, erschwert. Die damit verbundene Infrastruktur, einschließlich Straßen und Sicherheitskontrollpunkten, die hauptsächlich für die israelische Nutzung vorgesehen sind, beschränkt weiterhin die Bewegungsfreiheit der Palästinenser und beeinträchtigt deren tägliches Leben sowie den Zugang zu Ressourcen und wirtschaftlichen Aktivitäten.

Innerhalb der israelischen Gesellschaft ist die Frage der Siedlungen sehr umstritten. Während einige Israelis sie als entscheidend für die Sicherheit des Landes und als Teil der Erfüllung religiöser und historischer Rechte der Juden ansehen, betrachten andere sie als Hindernis für den Frieden und als Faktor, der Israels internationales Ansehen und demokratische Werte untergräbt.

Die Präsenz und der weitere Ausbau der israelischen Siedlungen bleiben ein zentraler Streitpunkt im israelisch-palästinensischen Konflikt. Sie stehen exemplarisch für das komplexe Zusammenspiel von Geschichte, Religion, Politik und Sicherheit, das jede Lösung des Konflikts berücksichtigen muss. Ihre Auswirkungen sind weitreichend und beeinflussen nicht nur die geopolitische Landschaft, sondern auch das Leben von Individuen und Gemeinschaften auf beiden Seiten des Konflikts.

Jerusalem: Eine geteilte Stadt

Jerusalem ist eine Stadt von großer historischer, religiöser und politischer Bedeutung, ein Mosaik aus alten Gassen und heiligen Stätten. Jerusalem, das in jüdischen, christlichen und muslimischen Traditionen verehrt wird, steht seit langem im Mittelpunkt religiöser Hingabe und politischer Spannungen.

Für Juden ist Jerusalem das geistliche Herz, wobei die Klagemauer, ein Überbleibsel des alten Zweiten Tempels, eine tiefe historische Verbindung und göttliche Verheißung symbolisiert. Für Christen ist die Stadt ein zentraler Punkt im Leben und Sterben Jesu, wobei die Via Dolorosa und die Grabeskirche die Schlüsselereignisse seiner Kreuzigung und Auferstehung markieren. Muslime richten ihren Blick auf die Al-Aqsa-Moschee und den Felsendom, Stätten von großer Bedeutung, an denen der Prophet Mohammed in den Himmel aufgefahren sein soll.

Die spirituelle Bedeutung der Stadt ist untrennbar mit ihrer politischen Teilung verbunden. Nach dem arabisch-israelischen Krieg von 1948 wurde Jerusalem in zwei Teile geteilt: Westjerusalem unter israelischer Kontrolle und Ostjerusalem, einschließlich der historischen Altstadt, unter jordanischer Kontrolle. Der Sechs-Tage-Krieg von 1967 veränderte das Stadtbild dramatisch: Israel eroberte Ostjerusalem und dehnte seine Verwaltung auf die gesamte Stadt aus, eine Handlung, die keine internationale Anerkennung findet. Heute behauptet Israel, Jerusalem sei seine ungeteilte Hauptstadt, während die Palästinenser Ostjerusalem als Hauptstadt ihres künftigen Staates betrachten.

Das tägliche Leben in Jerusalem spielt sich vor dem Hintergrund politischer Komplexität und unterschwelliger Spannungen ab. Der soziale und kulturelle Reichtum der Stadt, geprägt durch unterschiedliche religiöse und kulturelle Identitäten, ist spürbar, doch die Trennungen sind ebenso deutlich. Der Zugang zu und die Verwaltung von religiösen Stätten, insbesondere zum Tempelberg oder Haram al-Sharif, sind nach wie vor umstritten und werden häufig zu Brennpunkten des Konflikts.

Trotz der Spaltungen gibt es in Jerusalem auch Berichte über das Zusammenleben und gemeinsame Erfahrungen. Beispiele für die gemeinsame Teilnahme an Festen, gemeinsame Taxis und interreligiöse Dialoge zeigen das Potenzial der Stadt für Harmonie. Diese Momente der Einheit werden zwar manchmal von Konflikten überschattet, geben aber Einblicke in eine gemeinsame Menschlichkeit, die über religiöse und politische Grenzen hinausgeht.

Jerusalems vielschichtige Geschichte, seine religiöse Bedeutung und die anhaltende politische Auseinandersetzung um seine Zukunft machen es zu einem Brennpunkt im palästinensisch-israelischen Konflikt. Als geteilte Stadt verdeutlicht sie die Herausforderungen auf dem Weg zu einer friedlichen Koexistenz, während die Momente gemeinsamer menschlicher Erfahrungen Hoffnung auf eine Zukunft geben, in der die geteilte Vergangenheit zu einer vereinten und friedlichen Koexistenz führen kann.

Kapitel 8: Politik und Akteure

Palästinensische Politik: Fatah, Hamas und darüber hinaus

Um die palästinensische Politik zu verstehen, muss man sich mit der Komplexität und Dynamik der wichtigsten Fraktionen, vor allem der Fatah und der Hamas, auseinandersetzen. Obwohl diese Gruppen in ihrem Streben nach palästinensischer Selbstbestimmung einig sind, unterscheiden sie sich erheblich in ihren Ideologien, Strategien und internationalen Verbindungen.

Die Fatah, Ende der 1950er Jahre von Jassir Arafat und anderen Schlüsselfiguren gegründet, begann als eine Bewegung, die sich dem palästinensischen Befreiungskampf verschrieb. Ursprünglich für ihre Guerillakampftaktiken gegen Israel bekannt, entwickelte sich die Fatah, besonders unter Arafats Führung innerhalb der Palästinensischen Befreiungsorganisation (PLO), weiter. Im Laufe ihrer

Entwicklung wandte sich die Fatah zunehmend der Diplomatie zu und erreichte mit den Osloer Verträgen in den 1990er Jahren einen bedeutenden Schritt in Richtung Frieden und gegenseitiger Anerkennung mit Israel.

Die Hamas hingegen, die während der ersten Intifada in den 1980er Jahren entstand, hat ihre ideologischen Wurzeln in der Muslimbruderschaft und ist stärker religiös geprägt. Anfangs verabschiedete sie eine Charta, die jeden dauerhaften Frieden mit Israel ablehnte, und beteiligte sich an verschiedenen Widerstandsformen, einschließlich Anschlägen, die von Einrichtungen wie den Vereinigten Staaten und der Europäischen Union als Terrorismus klassifiziert wurden. Durch den Aufbau eines starken sozialen Netzes konnte die Hamas erhebliche Popularität und Unterstützung in den palästinensischen Gebieten gewinnen.

Nach dem Sieg der Hamas bei den palästinensischen Parlamentswahlen 2006 verschärfte sich ihre Rivalität mit der Fatah. Dieser Sieg führte zu einem kurzen, aber heftigen Konflikt, der in einer geografischen und politischen Spaltung resultierte: Die Hamas übernahm die Kontrolle über den Gazastreifen, während die Fatah im Westjordanland die Autorität behielt. Diese Spaltung führte zu einer erheblichen Zersplitterung der palästinensischen Politik und Staatsführung.

Neben Fatah und Hamas gibt es in der palästinensischen politischen Landschaft auch kleinere Gruppierungen wie den Palästinensischen Islamischen Dschihad und die Volksfront zur Befreiung Palästinas, die jeweils auf ihre Weise zur politischen und sozialen Dynamik in der Region beitragen.

Der Einfluss ausländischer Mächte ist ebenfalls ein wichtiger Aspekt der palästinensischen Politik. In der Vergangenheit erhielt die Fatah Unterstützung von Ländern wie Saudi-Arabien, Jordanien und westlichen Staaten, während die Hamas Rückhalt aus dem Iran und Syrien bekam. Diese internationale

Dimension macht die palästinensische Innenpolitik noch komplexer.

Die Unterschiede zwischen Fatah und Hamas reichen über die Politik hinaus und beeinflussen das tägliche Leben in den palästinensischen Gebieten, einschließlich der Regierungsführung, der Sicherheit und der internationalen Beziehungen. Trotz ihrer unterschiedlichen Ansätze repräsentieren beide Gruppen das breite Spektrum des palästinensischen Widerstands und Strebens. Die Zukunft der palästinensischen Einheit und die Aussichten auf Eigenstaatlichkeit hängen maßgeblich davon ab, ob es gelingt, die verschiedenen Ansätze und Visionen dieser beiden dominierenden Gruppen zu vereinen.

Die politische Landschaft Israels

Die politische Landschaft Israels ist so vielschichtig und komplex wie seine Geschichte und Gesellschaft. In dieser jungen Nation hat die Verflechtung von Ideologie, Religion und Sicherheitsbedenken zu einer dynamischen und oft unbeständigen politischen Arena geführt.

Im Mittelpunkt dieser Landschaft steht die parlamentarische Demokratie Israels, deren legislatives Rückgrat die Knesset ist. Das Wahlsystem in Israel basiert auf einem landesweitem Verhältniswahlrecht, was zu einer äußerst vielfältigen Mehrparteienlandschaft führt. Dieses System führt häufig zu Koalitionsregierungen, da keine einzelne Partei in der Regel eine absolute Mehrheit in der Knesset mit ihren 120 Sitzen erreichen kann.

Historisch gesehen wurde die israelische Politik von zwei großen Blöcken dominiert: der Arbeitspartei und dem Likud. Die Arbeitspartei mit ihren sozialistischen und zionistischen Ursprüngen war maßgeblich an der Gründung des Staates

Israel beteiligt und beherrschte die politische Szene in den ersten drei Jahrzehnten des Bestehens des Landes. Der Likud, der in den 1970er Jahren entstand, vertritt eine rechtsgerichtete, nationalistische und konservative Ideologie, die einen größeren Schwerpunkt auf Sicherheitsfragen und eine harte Haltung zum israelisch-palästinensischen Konflikt legt.

Die politische Szene in Israel ist auch durch die Präsenz kleinerer, aber einflussreicher Parteien gekennzeichnet. Religiöse Parteien wie Schas und Vereinigtes Tora-Judentum sprechen bestimmte Segmente der jüdisch-orthodoxen Gemeinschaft an und setzen sich für religiöse Interessen und eine Sozialpolitik im Einklang mit dem jüdischen Religionsgesetz ein. Yisrael Beiteinu vertritt in erster Linie die Interessen der russischsprachigen Einwandererbevölkerung. Arabische israelische Parteien, vor allem die Gemeinsame Liste, vertreten die politischen Bestrebungen und Anliegen der arabischen Minderheit in Israel.

Die politische Landschaft Israels wird durch den erheblichen Einfluss von Sicherheits- und Verteidigungsfragen noch komplizierter. Viele israelische Politiker, einschließlich prominenter Persönlichkeiten wie Yitzhak Rabin, Ariel Sharon und Ehud Barak, haben den Wechsel von ihrer militärischen Laufbahn in die politische Führung vollzogen, was die zentrale Bedeutung von Sicherheitsfragen in der israelischen Politik widerspiegelt.

Im Laufe der Jahre hat das politische Pendel in Israel hin und her geschwungen, beeinflusst durch eine Vielzahl von Faktoren wie Kriege, Friedensprozesse, wirtschaftliche Fragen und weltpolitische Verschiebungen. Das Aufkommen neuer politischer Parteien und Führungskräfte, die sich häufig um spezifische Themen oder charismatische Persönlichkeiten formieren, ist ein wiederkehrendes Merkmal des politischen Prozesses in Israel.

In den letzten Jahren hat die israelische Politik eine zunehmende Polarisierung erfahren, wobei die Spaltungen nicht nur entlang ideologischer Linien, sondern auch zwischen verschiedenen sozialen, religiösen und ethnischen Gruppen verlaufen. Der Aufstieg kleinerer Parteien hat häufig zu zersplitterten und instabilen Koalitionsregierungen geführt, die das komplexe Gefüge der israelischen Gesellschaft widerspiegeln.

Die politische Landschaft Israels mit ihrer einzigartigen Mischung aus Demokratie, Mehrparteienwettbewerb und einer starken Betonung der Sicherheit bietet Einblicke in die Herausforderungen und Dilemmata, mit denen das Land konfrontiert ist. Das Verständnis dieser Landschaft ist von entscheidender Bedeutung, um den breiteren Kontext des israelisch-palästinensischen Konflikts und die anhaltende Suche nach Frieden in der Region zu verstehen.

Externe Akteure: Die Rolle der Nachbarländer

Der israelisch-palästinensische Konflikt, der tief in den lokalen Kontext eingebettet ist, wird maßgeblich von der geopolitischen Dynamik des Nahen Ostens beeinflusst. Die Nachbarländer mit ihren jeweiligen historischen, politischen und kulturellen Bindungen an die Region spielen eine entscheidende Rolle bei der Gestaltung des Verlaufs dieses langjährigen Konflikts.

Die Rolle **Ägyptens** ist dabei besonders entscheidend. Als bevölkerungsreichste arabische Nation und wichtiger regionaler Akteur hatte sein Handeln weitreichende Auswirkungen. Das Abkommen von Camp David aus dem Jahr 1978, in dem Ägypten als erstes arabisches Land Israel offiziell anerkannte, markierte eine dramatische Veränderung in der regionalen Landschaft. Dieser Friedensvertrag, der von US-Präsident Jimmy Carter vermittelt wurde, beendete die jahrzehntelange

Feindschaft zwischen den beiden Nationen. Das Abkommen veränderte nicht nur die ägyptisch-israelischen Beziehungen, sondern setzte auch einen Präzedenzfall für die Beziehungen anderer arabischer Länder zu Israel, obwohl es in der arabischen Welt auf Kontroversen und Widerstand stieß.

Jordanien, das sowohl an Israel als auch an das Westjordanland grenzt, war ein weiterer wichtiger Akteur. Mit dem israelisch-jordanischen Friedensvertrag von 1994 wurden die Beziehungen zwischen den beiden Ländern normalisiert. Aufgrund seiner einzigartigen Position als Hüter der heiligen Stätten der Muslime in Jerusalem und als Heimat einer großen palästinensischen Bevölkerung befindet sich Jordanien an einem entscheidenden Knotenpunkt des Konflikts.

Syrien hingegen befindet sich technisch gesehen nach wie vor im Krieg mit Israel, vor allem wegen der strittigen Frage der Golanhöhen. Dieses strategisch wichtige Plateau wurde im Sechstagekrieg 1967 von Israel erobert und ist seit langem ein Streitpunkt. Trotz gelegentlicher Friedensgespräche und Verhandlungen hinter den Kulissen sind die Beziehungen zwischen Israel und Syrien nach wie vor angespannt.

Die Verbindung zwischen dem **Libanon** und der Palästinenserfrage ist komplex. Dies liegt insbesondere an der Präsenz palästinensischer Flüchtlinge und dem Aufstieg der Hisbollah, einer schiitischen militanten Gruppe, die sich gegen Israel stellt. Die Grenze zwischen Israel und dem Libanon ist ein Brennpunkt für Konflikte, die durch die breitere regionale Politik mit Iran und Syrien beeinflusst werden.

Saudi-Arabien und die Golfstaaten, die zwar keine direkten Nachbarn sind, spielen eine zunehmend wichtige Rolle. Diese Staaten, die die Palästinenser traditionell politisch und finanziell unterstützen, haben in letzter Zeit eine allmähliche Änderung ihrer Haltung gegenüber Israel vollzogen. Dieser Wandel ist auf die gegenseitige Besorgnis über die regionalen

Ambitionen des Irans und die aufkeimende wirtschaftliche Zusammenarbeit zurückzuführen.

Die geopolitische Landschaft des Nahen Ostens ist ein fließendes und kompliziertes Mosaik, in dem sich Allianzen und Feindschaften verschieben können. Die palästinensisch-israelische Frage ist eng mit der breiteren regionalen Dynamik verwoben, und Veränderungen in einem Gebiet haben oft Auswirkungen auf die gesamte Region. Die Positionen und Handlungen dieser Nachbarstaaten zu verstehen, ist von entscheidender Bedeutung, nicht nur im Hinblick auf die Geopolitik, sondern auch, um den breiteren Kontext zu erkennen, in dem sich die israelisch-palästinensische Geschichte abspielt. Während diese Länder mit ihren internen Herausforderungen und Veränderungen konfrontiert sind, entwickeln sich ihre Standpunkte und Beziehungen in Bezug auf den israelisch-palästinensischen Konflikt weiter und spiegeln das komplexe Geflecht der regionalen Politik wider.

Kapitel 9: Alltägliches Leben und menschliche Geschichten

Leben unter Besatzung: Eine palästinensische Perspektive

Der israelisch-palästinensische Konflikt, mit seinen komplizierten geopolitischen Nuancen und historischen Komplexitäten, lässt sich oft am besten durch die persönlichen Erzählungen derjenigen verstehen, die unter der Besatzung leben. Die alltäglichen Lebenserfahrungen von Palästinensern im Westjordanland, in Ostjerusalem und im Gazastreifen bieten einen Einblick in die spürbare Realität des Lebens in diesen umkämpften Gebieten.

Für Palästinenser im Westjordanland und in Ostjerusalem ist die Besatzung ein ständig präsenter Aspekt ihres täglichen

Lebens. Die Landschaft, gezeichnet von israelischen Kontrollpunkten, Militäreinrichtungen und stetig wachsenden Siedlungen, prägt ihr Umfeld. Alltägliche Verrichtungen, wie der Weg zur Arbeit oder Familienbesuche, erfordern häufig das Passieren mehrerer Kontrollpunkte, wobei die Begegnungen von routinemäßig bis hin zu angespannt reichen können.

Die wirtschaftlichen Folgen der Besatzung sind umfangreich und komplex. Bewegungs- und Zugangsbeschränkungen sowie die eingeschränkte Kontrolle über natürliche Ressourcen hemmen die wirtschaftliche Entwicklung. Traditionelle Bereiche, wie die Landwirtschaft, stehen vor zahlreichen Herausforderungen, einschließlich Landbeschlagnahmungen und begrenztem Zugang zu Wasser, besonders in fruchtbaren Gebieten wie dem Jordantal. Diese Einschränkungen beeinträchtigen nicht nur die wirtschaftliche Stabilität, sondern auch traditionelle Lebensweisen.

Ähnliche Auswirkungen zeigt das Bildungssystem. Palästinensische Studenten müssen oft unvorhersehbare Wege in Kauf nehmen, besonders wenn sie Einrichtungen wie die Al-Quds-Universität in Jerusalem besuchen, wo die Durchfahrt durch Kontrollpunkte täglich variieren kann. Diese Unvorhersehbarkeit erschwert ihren Bildungsweg.

Der emotionale und psychologische Tribut der Besatzung ist weitreichend. Viele Palästinenser empfinden ein tiefes Gefühl des Verlusts und der Entmündigung – den Verlust von Land, Autonomie und einem Gefühl nationaler Identität. Ältere Generationen trauern um die Häuser und das Leben, das sie zurücklassen mussten, während jüngere mit ihrer Identität und Zukunft in einem zersplitterten Heimatland hadern.

Die Erfahrungen der Palästinenser im Gazastreifen unterscheiden sich aufgrund der Blockade und häufigen militärischen Auseinandersetzungen stark. Die Lebensbedingungen im Gazastreifen, gekennzeichnet durch strenge Bewegungseinschränkungen, wirtschaftliche Not und wiederkehrende Gewaltzyklen, stellen eine einzigartige und besonders akute Form der Besatzung dar.

Trotz dieser Widrigkeiten ist die Widerstandsfähigkeit des palästinensischen Volkes bemerkenswert. In den besetzten Gebieten bringen Palästinenser ihre Identität, ihre Bestrebungen und ihre Widerstandskraft durch vielfältige Formen kulturellen Ausdrucks, Bildung, friedlichen Protesten und gemeinschaftlicher Solidarität zum Ausdruck.

Zusammenfassend ermöglicht das Verständnis der palästinensischen Perspektive auf die Besatzung einen Einblick in die tiefgreifenden und oft übersehenen Aspekte des israelisch-palästinensischen Konflikts. Es geht über politische Diskussionen hinaus und betritt den Bereich menschlicher Erfahrungen, wo die täglichen Herausforderungen, Hoffnungen und Kämpfe des palästinensischen Volkes die dauerhaften Auswirkungen der Besatzung verdeutlichen. Durch diese gelebten Erfahrungen werden Tiefe, Komplexität und menschliche Dimensionen dieses andauernden Konflikts hervorgehoben.

Leben mit Sicherheitsbedenken: Eine israelische Sichtweise

Die Geschichte Israels ist eng mit der Sorge um das Überleben und die Sicherheit verwoben. In einer Region, die durch geopolitische Unbeständigkeit gekennzeichnet ist, hat die ständige Präsenz von Sicherheitsbedrohungen die nationale Identität und Psyche Israels tiefgreifend geprägt.

In Israel ist die Realität, im Schatten eines potenziellen Konflikts zu leben, tief in das tägliche Leben eingewoben. Städte wie Tel Aviv und Jerusalem sind übersät mit Luftschutzbunkern. Diese oft in das Stadtbild integrierten Bauten, die in friedlichen Zeiten als Gemeinschaftsräume dienen, stehen als eindringliche Erinnerung an die ständige Bedrohung durch Konflikte. Für israelische Kinder sind Notfallübungen ein routinemäßiger Teil des Schullebens, der sie von klein auf auf die Möglichkeit von Raketenangriffen vorbereitet - eine Realität, die vielen anderen Teilen der Welt weitgehend fremd ist.

Der obligatorische Militärdienst ist ein weiterer grundlegender Aspekt des israelischen Lebens und tief in der Kultur des Landes verwurzelt. Der Dienst in den Israelischen Verteidigungsstreitkräften (IDF) wird nicht nur als Pflicht angesehen, um das Überleben des Landes zu sichern, sondern auch als eine verbindende Erfahrung für die israelische Jugend. Dieser Dienst bringt Menschen mit unterschiedlichem Hintergrund zusammen und spielt eine entscheidende Rolle bei der Herausbildung sowohl ihrer persönlichen Identität als auch des kollektiven nationalen Ethos.

Die israelische Erfahrung ist durch ein gesteigertes Bewusstsein potenzieller Gefahren gekennzeichnet, das über militärische Konfrontationen hinausgeht. Die Angst vor terroristischen Anschlägen, wie z. B. einem Selbstmordattentäter im öffentlichen Raum oder einem Messerangriff, ist ein allgegenwärtiger Teil des Lebens in Israel. Diese ständige Wachsamkeit hat verschiedene Aspekte der israelischen Gesellschaft beeinflusst, darunter die Stadtplanung, öffentliche Veranstaltungen und tägliche Routinen.

Israels Fokus auf Sicherheit hat auch zu bedeutenden Fortschritten in der Militär-, Sicherheits- und Geheimdiensttechnologie geführt. Das Land ist in diesen Bereichen weltweit führend, wobei die Innovationen oft aus der Notwendigkeit heraus geboren wurden, um den ständigen Sicherheitsherausforderungen zu begegnen.

Trotz der allgegenwärtigen Sicherheitsbedenken gibt es bei vielen Israelis auch einen starken Wunsch nach Frieden. Die

Gesellschaft ist in ihren Ansichten über Sicherheit und den israelisch-palästinensischen Konflikt nicht monolithisch. Friedenskundgebungen, Dialoge und Koexistenzprojekte zeugen von der Sehnsucht nach einer Zukunft, in der Sicherheitsbedenken nicht die Landschaft beherrschen. Viele Israelis sind sich der Kosten des anhaltenden Konflikts bewusst und suchen nach Lösungen, die Sicherheit gewährleisten und gleichzeitig die Rechte und Bestrebungen der Palästinenser anerkennen.

Um die Komplexität des israelisch-palästinensischen Konflikts zu verstehen, ist es wichtig, die israelische Perspektive auf die Sicherheit zu kennen. Es ist eine Perspektive, die sich durch eine Mischung aus Widerstandsfähigkeit angesichts ständiger Bedrohungen und der Hoffnung auf eine Zukunft auszeichnet, in der Frieden und Sicherheit die Norm und nicht die Ausnahme sind. Diese Dualität ist für die israelische Erfahrung von zentraler Bedeutung und spiegelt die Herausforderungen und Bestrebungen wider, die den Umgang des Landes mit dem Konflikt und das Streben nach Frieden in der Region im weiteren Sinne prägen.

Geschichten von Zusammenarbeit und Koexistenz

In dem komplexen Geflecht des israelisch-palästinensischen Konflikts, in dem oft Erzählungen von Spaltung und Feindseligkeit dominieren, gibt es auch starke Geschichten von Zusammenarbeit, Verständnis und Koexistenz. Auch wenn diese Geschichten im allgemeinen öffentlichen Diskurs manchmal weniger sichtbar sind, bieten sie eine wichtige Perspektive für die menschliche Fähigkeit zu Empathie, Verständnis und einem gemeinsamen Leben.

Die Hand-in-Hand-Schulen sind ein bemerkenswertes Beispiel für diesen Geist der Koexistenz. In diesen

Bildungseinrichtungen lernen jüdische und arabische Kinder gemeinsam und teilen ihre Sprachen, Kulturen und Erfahrungen. Dieses Bildungsmodell zielt nicht nur darauf ab, akademisches Wissen zu vermitteln, sondern auch darauf, von klein auf Brücken zu bauen. In diesen Klassenzimmern werden kulturelle Unterschiede nicht nur toleriert, sondern zelebriert, wodurch ein tiefes Verständnis und gegenseitiger Respekt unter der zukünftigen Generation gefördert wird.

Ein weiteres Beispiel für gemeinsame Anstrengungen ist das Arava-Institut, in dem israelische, palästinensische und jordanische Studenten gemeinsam an Umweltschutz und Nachhaltigkeit arbeiten. Indem sie gemeinsam an ökologischen Projekten arbeiten, zeigen diese Studenten, dass eine Zusammenarbeit nicht nur möglich, sondern auch fruchtbar ist, insbesondere wenn es um Herausforderungen geht, die keine Grenzen kennen, wie der Umweltschutz.

Die Stadt Haifa im Norden Israels wird oft als Vorbild für die Koexistenz angeführt. Diese multikulturelle Stadt mit ihrer vielfältigen jüdischen und arabischen Bevölkerung ist ein Beispiel für das tägliche Leben, in dem gemeinsame Räume und gemischte Nachbarschaften die Norm sind. Hier wird die kulturelle Vielfalt durch verschiedene Feste, Geschäfte und soziale Interaktionen zelebriert und bietet ein lebendiges Beispiel für friedliches Zusammenleben.

Neben diesen institutionellen Beispielen ist die Koexistenz in zahlreichen kleinen, aber bedeutsamen Formen in den Alltag eingewoben. Gemeinsame Taxifahrten in Jerusalem oder Haifa werden oft zu improvisierten Orten des Dialogs und der Verständigung. Märkte und Geschäftsviertel, in denen jüdische und arabische Händler zusammenarbeiten, werden zu Mikrokosmen des gemeinschaftlichen Zusammenlebens. Zudem führt die Zusammenarbeit zwischen jüdischen und arabischen Künstlern in der Kunst und Musik zu einer Kulturverschmelzung, in der Botschaften von Frieden und

Einheit mitschwingen.

Diese Geschichten von Zusammenarbeit und Koexistenz sind mehr als nur anekdotische Beispiele; sie sind Zeugnisse für das Potenzial einer friedlichen Zukunft. Sie zeigen, dass es hinter den übergreifenden politischen Narrativen Einzelpersonen und Gemeinschaften gibt, die sich darum bemühen, Kontakte zu knüpfen, zu verstehen und ein gemeinsames Leben aufzubauen.

Diese Erzählungen stellen die Wahrnehmung einer unüberwindbaren Kluft zwischen jüdischen und arabischen Gemeinschaften in Frage und zeigen stattdessen die Möglichkeiten auf, die sich ergeben, wenn Menschen kulturelle und politische Grenzen überwinden. Sie erinnern uns daran, dass es selbst inmitten von Konflikten Hoffnung auf Versöhnung und gemeinsames Verständnis gibt. Diese Geschichten sind nicht nur Ausnahmen von der Norm, sondern zeigen, was mit Empathie, Respekt und einer gemeinsamen Vision für eine friedliche Koexistenz erreicht werden kann.

Fragen der Flüchtlinge und des Rückkehrrechts

Die Frage der palästinensischen Flüchtlinge und ihres Rechts auf Rückkehr ist nach wie vor einer der komplexesten und emotionalsten Aspekte des israelisch-palästinensischen Konflikts. Sie berührt tief sitzende historische Beschwerden, Identität und die praktischen Realitäten möglicher Lösungen. Nach dem arabisch-israelischen Krieg von 1948 wurde eine große Zahl von Palästinensern aus ihrer Heimat vertrieben. Millionen von Flüchtlingen und ihre Nachkommen leben heute vor allem in Jordanien, im Libanon, in Syrien und in den palästinensischen Gebieten des Westjordanlands und des Gazastreifens. Viele von ihnen leben seit Generationen in Flüchtlingslagern, in einem Umfeld, das durch anhaltende Armut, begrenzte Möglichkeiten und ein tief verwurzeltes Gefühl von Vertreibung und Verlust gekennzeichnet ist.

Das Konzept des "Rechts auf Rückkehr" ist für die palästinensische Geschichte von zentraler Bedeutung. Es basiert auf der Resolution 194 der Generalversammlung der Vereinten Nationen, die von den Palästinensern so interpretiert wird, dass sie ihr Recht auf Rückkehr in ihre angestammten Wohngebiete im heutigen Israel bestätigen. Dieses Rückkehrrecht wird nicht nur als rechtliche oder politische Frage betrachtet, sondern als eine grundlegende Frage der Gerechtigkeit und der historischen Wiedergutmachung.

Für Israel stellt die mögliche Rückkehr von Millionen palästinensischer Flüchtlinge eine große Herausforderung dar. Aus demographischer Sicht könnte eine solche Rückkehr den mehrheitlich jüdischen Charakter des Staates verändern - ein Anliegen, das Israels Identität als jüdisches Heimatland betrifft. Es gibt auch Befürchtungen hinsichtlich der Integration der palästinensischen Flüchtlinge in die israelische Gesellschaft und möglicher Sicherheitsprobleme.

Es wurden verschiedene Lösungen vorgeschlagen, um dieses Problem anzugehen. Dazu gehören die Erlaubnis zur Rückkehr einer begrenzten Anzahl von Flüchtlingen in Verbindung mit einer Entschädigung für diejenigen, die nicht zurückkehren, die Umsiedlung von Flüchtlingen in einen künftigen palästinensischen Staat oder in Drittländer sowie andere Formen der Wiedergutmachung. Jede dieser Lösungen ist komplex und erfordert einen Ausgleich zwischen den Rechten und Bestrebungen der palästinensischen Flüchtlinge und den demografischen und sicherheitspolitischen Bedenken Israels.

Das Flüchtlingsproblem ist symbolisch für die umfassenderen Herausforderungen, vor denen der israelisch-palästinensische Friedensprozess steht. Es steht für den Kampf zwischen dem Recht auf Rückkehr und der praktischen Umsetzung eines solchen Rechts in einer für beide Seiten akzeptablen Weise. Um eine Lösung zu finden, bedarf es nicht nur innovativer und pragmatischer Ansätze, sondern auch eines tiefen Verständnisses und der Anerkennung der historischen Traumata und Verluste, die die Palästinenser erlitten haben. Diese Aufgabe erfordert Einfühlungsvermögen, kreative Diplomatie und das Engagement, einen Weg zur Koexistenz und gegenseitigen Anerkennung zu finden.

Grenzen und Sicherheitsaspekte

Die Frage der Grenzen im israelisch-palästinensischen Konflikt ist ein komplexes Zusammenspiel von Geschichte, Sicherheit und dem Streben nach Staatlichkeit. Es ist eine Geschichte, die über bloße geografische Abgrenzungen hinausgeht und mit dem Leben und der Geschichte der Menschen, die diese Gebiete bewohnen, verwoben ist.

Der Sechs-Tage-Krieg von 1967 markierte einen bedeutenden Wendepunkt, als Israel das Westjordanland, den Gazastreifen und Ostjerusalem eroberte. Diese Gebiete, die oft als 'besetzte

Gebiete' bezeichnet werden, stehen seither im Mittelpunkt des Konflikts und verkörpern die Kernfrage, wo und wie Grenzen gezogen werden sollen, die die Schaffung eines lebensfähigen palästinensischen Staates mit den Sicherheitsbedürfnissen Israels in Einklang bringen.

Israel betrachtet die strategische Lage des Westjordanlandes, insbesondere das Hochland mit Blick auf die Küstenebene, als entscheidend für die nationale Sicherheit. Israel hegt die Sorge, dass diese Gebiete ohne angemessene Sicherheitsvorkehrungen für Angriffe auf israelische Städte genutzt werden könnten. Insbesondere das Jordantal wird von vielen in Israel als wichtige Pufferzone angesehen, die eine Sicherheitsbarriere gegen potenzielle Bedrohungen aus dem Osten bildet.

Für die Palästinenser ist die Schaffung eines zusammenhängenden und territorial geschlossenen und wirtschaftlich lebensfähigen Staates von zentraler Bedeutung. Die Aussicht auf einen durch Enklaven oder isolierte Landstriche zersplitterten Staat ist inakzeptabel, da er nicht nur schwer zu regieren wäre, sondern auch ihrem Streben nach Selbstbestimmung und nationaler Identität nicht gerecht würde. Vorschläge wie die arabische Friedensinitiative aus dem Jahr 2002 sehen eine Lösung auf der Grundlage der Grenzen von vor 1967 vor, mit einem einvernehmlichen Landtausch, der den Wunsch nach einem Staat widerspiegelt, der auf historischen und kulturellen Bindungen beruht.

Bei den Verhandlungen über die Grenzen geht es nicht nur um die Grenzziehung, sondern auch um Überlegungen zu Sicherheitsvorkehrungen, Grenzübergängen und der Art der internationalen Präsenz. Zu den Sicherheitsbedenken Israels gehört die Gefahr von Raketenangriffen, Tunneln und anderen Formen der Aggression, während die Palästinenser die Gewissheit haben wollen, dass ihr Staat souverän und lebensfähig sein wird.

Der Dialog über die Grenzen ist zutiefst persönlich und berührt das tägliche Leben von Millionen von Menschen. Es geht nicht nur um politische Vereinbarungen, sondern auch um die Sicherheit, die Freiheit und die Zukunft der Menschen auf beiden Seiten. Landwirte, Anwohner, Geschäftsleute – ihr Leben ist untrennbar mit diesen Diskussionen verbunden.

Bei der Lösung der Grenzfrage im israelisch-palästinensischen Konflikt geht es darum, ein Gleichgewicht zu finden, das den legitimen Bestrebungen und Anliegen sowohl der Israelis als auch der Palästinenser gerecht wird. Es geht darum, einen Rahmen zu schaffen, der eine friedliche Koexistenz, gegenseitige Sicherheit und Respekt ermöglicht. Die Herausforderung besteht darin, Grenzen zu schaffen, die nicht nur Linien auf einer Landkarte sind, sondern Symbole für eine Zukunft, in der zwei Völker mit ihrer reichen Geschichte und ihrer tiefen Verbundenheit mit dem Land Seite an Seite in Frieden und Würde leben können.

Religiöse und kulturelle Empfindlichkeiten

Der israelisch-palästinensische Konflikt hat vor dem Hintergrund des Nahen Ostens seine Wurzeln in einer jahrtausendealten religiösen und kulturellen Geschichte. Das Land, das von Juden, Christen und Muslimen als heilig verehrt wird, besitzt eine tiefe spirituelle Bedeutung und ist für die Identität und Geschichte dieser Gemeinschaften von zentraler Bedeutung.

Für Juden symbolisiert das Land sowohl die Heimat ihrer Vorfahren als auch einen heiligen Bund. Die Klagemauer, ein Teil des antiken Zweiten Tempels in Jerusalem, ist nicht nur eine historische Stätte, sondern auch ein lebendiges Zeugnis des jüdischen Durchhaltevermögens und Glaubens in Jahrhunderten der Diaspora und Verfolgung. Sie ist ein zentraler Ort des jüdischen Gebets und der Sehnsucht, ein

Symbol für die tiefe Verbundenheit mit dem Land und seiner Geschichte.

Die Muslime schätzen das Land aufgrund seiner Verbindung mit der nächtlichen Reise des Propheten Mohammed und seiner Auffahrt in den Himmel, die auf dem Gelände der Al-Aqsa-Moschee in Jerusalem stattgefunden haben soll, sehr hoch ein. Diese Stätte, bekannt als Haram al-Sharif, ist nicht nur ein Ort der Anbetung, sondern auch ein Symbol für die islamische Geschichte und das islamische Erbe in der Region. Der Gebetsruf, der in ganz Jerusalem erklingt, verdeutlicht die anhaltende islamische Präsenz und die spirituelle Verbundenheit mit der Stadt.

Christen betrachten dieses Land als Schauplatz des Lebens, des Wirkens, des Todes und der Auferstehung von Jesus Christus. Orte wie die Grabeskirche in Jerusalem sind nicht nur historische Wahrzeichen, sondern auch heilige Räume, die bei Pilgern und Gläubigen auf der ganzen Welt tiefe religiöse und emotionale Reaktionen hervorrufen.

Die sich überschneidende heilige Geschichte dieser Stätten führt oft zu komplexen kulturellen und religiösen Empfindlichkeiten. Jede Gemeinschaft betrachtet diese Orte durch die Brille ihrer eigenen religiösen Erzählungen, die mit ihren kollektiven Erinnerungen und nationalen Identitäten verwoben sind. Die Stätten sind nicht nur Relikte der Vergangenheit, sondern integraler Bestandteil der heutigen religiösen Praxis und des Gemeinschaftslebens.

Die religiösen und kulturellen Dimensionen des israelisch-palästinensischen Konflikts verdeutlichen die Notwendigkeit eines differenzierten Verständnisses der tief verwurzelten Bindungen, die jede Gemeinschaft mit dem Land hat. Sie unterstreichen, wie wichtig es ist, diese Verbindungen in jeder Diskussion über Frieden und Koexistenz anzuerkennen und zu respektieren. Der Konflikt ist nicht nur ein politischer oder territorialer Streit, sondern ein tiefgreifender Ausdruck von Identität und Glauben.

Der Umgang mit diesen Empfindlichkeiten erfordert ein sorgfältiges Gleichgewicht – die Anerkennung der historischen und spirituellen Ansprüche jeder Gruppe, bei gleichzeitigem Streben nach Lösungen, die diese vielfältigen Verbindungen respektieren. Die religiösen und kulturellen Narrative sind starke Kräfte, die Wahrnehmungen, Einstellungen und Handlungen prägen. Ein Verständnis und Respekt für diese Dimensionen ist entscheidend, um einen Weg zu dauerhaftem Frieden zu finden, der die tiefen spirituellen und kulturellen Bindungen jeder Gemeinschaft mit dem Land respektiert.

Kapitel 11: Die amerikanische Diplomatie und der Friedensprozess

Die Rolle der USA bei den Friedensgesprächen im Nahen Osten

Seit der Mitte des 20. Jahrhunderts haben die Vereinigten Staaten immer wieder die Rolle des Vermittlers im israelisch-palästinensischen Friedensprozess übernommen. Ihre Beteiligung ist durch eine komplexe Mischung aus Diplomatie, strategischen Interessen und Herausforderungen gekennzeichnet. Die USA haben versucht, im komplexen und herausfordernden Umfeld der Nahostpolitik zu navigieren und eine Verhandlungslösung für einen der dauerhaftesten Konflikte der Welt zu finden.

Die Einbindung der USA in den Friedensprozess wurde insbesondere während des Camp-David-Abkommens von 1978 deutlich. Unter Vermittlung des damaligen US-Präsidenten Jimmy Carter wurde Frieden zwischen Ägypten und Israel geschlossen. Obwohl die palästinensischen Fragen nicht direkt angesprochen wurden, legten die Abkommen einen Grundstein für das künftige amerikanische Engagement in der Region.

In den 1990er Jahren setzten die USA ihre Bemühungen unter Präsident Bill Clinton fort und vermittelten die Osloer Abkommen. Diese Abkommen, die die erste gegenseitige Anerkennung zwischen Israel und der Palästinensischen Befreiungsorganisation (PLO) markierten, waren ein wichtiger Schritt im Friedensprozess. Die USA spielten bei diesen Verhandlungen eine zentrale Rolle und bewiesen damit ihr Potenzial als Friedensstifter in der Region.

Der Weg zu einem dauerhaften Frieden war jedoch von Herausforderungen und Rückschlägen geprägt. Ein markanter Moment ereignete sich beim Gipfeltreffen in Camp David im Jahr 2000, als die intensiven Verhandlungen zwischen dem israelischen Premierminister Ehud Barak, dem palästinensischen Führer Jassir Arafat und Präsident Clinton zu keiner Einigung führten. Dieses Ereignis unterstrich die tief verwurzelte historische, emotionale und politische Komplexität des Konflikts.

Die aufeinanderfolgenden US-Regierungen wählten unterschiedliche Ansätze für den Friedensprozess. Der von Präsident Donald Trump eingeführte "Peace to Prosperity"-Plan, ein Plan zur Förderung von Frieden und Wohlstand, rief gemischte Reaktionen hervor und veranschaulichte die Vielfalt der amerikanischen Strategien in Bezug auf den Konflikt.

Obwohl die USA aufgrund ihrer starken politischen, militärischen und kulturellen Bindungen oft als eher auf der Seite Israels stehend wahrgenommen werden, hat ihre offizielle Haltung stets eine Zweistaatenlösung als den gangbarsten Weg zum Frieden unterstützt. Diese Position spiegelt die Anerkennung der Komplexität des Konflikts und der Notwendigkeit einer Lösung wider, die den Wünschen und Anliegen beider Seiten gerecht wird.

Die Beteiligung der USA an den Nahost-Friedensgesprächen ist nicht nur eine Angelegenheit der internationalen Diplomatie, sondern auch ein Zeichen für die globale Bedeutung des israelisch-palästinensischen Konflikts. Die Geschichte der US-Vermittlungsbemühungen, geprägt von Erfolgen und Hindernissen, zeigt das anhaltende Engagement für eine Lösung auf. Es ist ein Weg voller diplomatischer Anstrengungen, strategischer Überlegungen und der Erkenntnis, dass Frieden in der Region entscheidend für die globale Stabilität und Harmonie ist.

Der Weg zum Frieden im israelisch-palästinensischen Konflikt war von mehreren großen internationalen Initiativen geprägt, die alle die anhaltende Hoffnung auf eine Lösung widerspiegeln - trotz der Komplexität und der Herausforderungen, die sich im Laufe der Jahre ergeben haben. Das von US-Präsident Jimmy Carter vermittelte Camp-David-Abkommen von 1978 war ein wichtiger Meilenstein in den Friedensbemühungen im Nahen Osten. Obwohl es sich in erster Linie um ein Abkommen zwischen Ägypten und Israel handelte, war es insofern monumental, als es den ersten Friedensvertrag zwischen Israel und einer arabischen Nation darstellte. Dieser Durchbruch schuf einen Präzedenzfall für künftige Friedensverhandlungen und zeigte, dass die Diplomatie in einer oft von Konflikten geprägten Region zu greifbaren Ergebnissen führen konnte.

In den 1990er Jahren änderte sich die Landschaft des israelisch-palästinensischen Konflikts mit den Osloer Verträgen. Diese im Geheimen in Norwegen ausgearbeiteten Vereinbarungen führten zu einer historischen gegenseitigen Anerkennung zwischen Israel und der Palästinensischen Befreiungsorganisation (PLO). Das ikonische Bild, in dem sich der israelische Premierminister Yitzhak Rabin und der PLO-Vorsitzende Yasser Arafat auf dem Rasen des Weißen Hauses die Hände reichen, symbolisierte eine neue Ära der Friedensmöglichkeiten.

Das Gipfeltreffen von Camp David im Jahr 2000 führte zwar nicht zu einem endgültigen Friedensabkommen, machte aber die tiefe Komplexität des israelisch-palästinensischen Konflikts deutlich. Schlüsselfragen wie der Status von Jerusalem, das Rückkehrrecht für palästinensische Flüchtlinge und die Festlegung der endgültigen Grenzen wurden ausgiebig erörtert, was die komplizierten Details verdeutlichte, die jedes erfolgreiche Friedensabkommen regeln müsste.

Der Fahrplan für den Frieden, der 2003 von den Vereinigten Staaten in Zusammenarbeit mit Russland, der Europäischen Union und den Vereinten Nationen eingeführt wurde, zielte auf eine Zweistaatenlösung ab. Diese Initiative sah eine Reihe von Schritten vor, die von beiden Parteien unternommen werden sollten, um eine friedliche Lösung zu erreichen.

Die Konferenz von Annapolis im Jahr 2007, die unter der Schirmherrschaft von US-Präsident George W. Bush stattfand, ließ die Diskussionen über eine Zweistaatenlösung wieder aufleben. Obwohl sie dem Friedensprozess neuen Schwung verlieh, gab es nur wenige greifbare Ergebnisse, was die anhaltende Herausforderung widerspiegelt, den diplomatischen Dialog in konkrete Maßnahmen umzusetzen.

Kürzlich markierte das Abraham-Abkommen von 2020, das die Beziehungen zwischen Israel und mehreren arabischen Staaten normalisierte, einen Wandel in der regionalen Herangehensweise an die israelisch-palästinensische Frage. Auch wenn diese Abkommen die Kernaspekte des Konflikts nicht direkt ansprachen, zeigten sie doch eine veränderte Dynamik in der Politik des Nahen Ostens und das Potenzial für neue Wege zum Frieden.

Bei diesen Friedensinitiativen gab es unzählige Momente menschlicher Verbundenheit und gemeinsamer Erfahrungen, die die Teilnehmer an die Gemeinsamkeiten jenseits politischer und ideologischer Trennlinien erinnerten. Diese Initiativen, die sich in ihrer Herangehensweise und ihrem Erfolg unterscheiden, sind Ausdruck des Engagements der internationalen Gemeinschaft für eine friedliche Lösung des israelisch-palästinensischen Konflikts. Sie unterstreichen die Bedeutung eines kontinuierlichen Dialogs, die Notwendigkeit von Kompromissen und die wesentliche Rolle der internationalen Diplomatie bei der Bewältigung eines der schwierigsten und dauerhaftesten Konflikte unserer Zeit.

Die Landschaft des israelisch-palästinensischen Konflikts ist durch ein komplexes Zusammenspiel von Erfolgen, Misserfolgen und Kontroversen gekennzeichnet, die jeweils den Verlauf dieses dauerhaften Konflikts prägen.

Das Abkommen von Oslo in den 1990er Jahren stellt einen bedeutenden Erfolg dar. Zum ersten Mal gab es eine gegenseitige Anerkennung zwischen Israel und der Palästinensischen Befreiungsorganisation (PLO). Mit der Einrichtung der Palästinensischen Autonomiebehörde erhielten die Palästinenser in bestimmten Gebieten des Westjordanlands und des Gazastreifens eine begrenzte Selbstverwaltung. Dieser Moment der Hoffnung, symbolisiert durch den Händedruck auf dem Rasen des Weißen Hauses, stellte einen potenziellen Wendepunkt in Richtung Frieden dar.

Die Abkommen hatten jedoch auch ihre Schwächen. Es gelang nicht, zentrale Fragen wie Siedlungen, den Status von Jerusalem und das Rückkehrrecht für palästinensische Flüchtlinge zu lösen. Die Ermordung des israelischen Premierministers Yitzhak Rabin durch einen jüdischen Extremisten verdeutlichte die tiefe Spaltung der israelischen Gesellschaft und die hohen Kosten der Friedensbemühungen.

Der israelische Rückzug aus dem Gazastreifen im Jahr 2005 ist ein weiteres Beispiel für gemischte Ergebnisse. Obwohl dieser das Ende der israelischen Siedlungen im Gazastreifen markierte, führte die anschließende Übernahme des Gebiets durch die Hamas zu neuen Konfliktzyklen, einschließlich Raketenangriffen auf Israel und israelischen militärischen Reaktionen.

Die israelischen Siedlungen im Westjordanland sind eine ständige Quelle der Kontroverse. Während Israel diese als legitim verteidigt, werden sie von einem Großteil der internationalen Gemeinschaft als völkerrechtswidrig angesehen, was ein erhebliches Hindernis für Friedensbemühungen darstellt.

Auch der Bau der israelischen Sicherheitsbarriere im Westjordanland ist umstritten. Israel führt Sicherheitsgründe für den Bau an, während die Palästinenser ihn als illegale Annexion ihres Landes und als Symbol für ihre allgemeine Entrechtung betrachten.

Momente der Zusammenarbeit, wie das Training palästinensischer Landwirte im Gazastreifen durch israelische Agrarexperten zum Anbau hochwertiger Erdbeeren für den Export, zeigen das Potenzial für positive Interaktionen. Diese Momente der Zusammenarbeit werden jedoch häufig von dem Konflikt im Allgemeinen überschattet.

Friedensinitiativen wie die Camp-David-Gespräche und die Roadmap für den Frieden schwanken zwischen Hoffnung und Frustration. Jede dieser Initiativen wurde sowohl kritisiert als auch unterstützt, was die tiefgreifende Komplexität und die unterschiedlichen Perspektiven in diesem Konflikt widerspiegelt.

Die israelisch-palästinensische Geschichte ist ebenso wie das zerklüftete Terrain der Region durch Höhen des Optimismus und tiefe Täler der Enttäuschung gekennzeichnet. Trotz der zahlreichen Herausforderungen geht das Streben nach einer dauerhaften und gerechten Lösung weiter, angetrieben von der unermüdlichen Hoffnung auf Frieden und Stabilität in der Region.

Kapitel 12: Die amerikanisch-israelischen Beziehungen

Historische Bindungen und gemeinsame Werte

Die Vereinigten Staaten und Israel sind durch ein vielschichtiges Verhältnis verbunden. Dieses fußt tief in der Geschichte, gemeinsamen Werten und strategischen Interessen. Mehr als reine Geopolitik, spiegelt diese Bindung die gegenseitige Wertschätzung demokratischer Prinzipien wider. Sie zeigt sich im Engagement für unternehmerische Innovation und in der gemeinsamen Front gegen Bedrohungen.

Die USA waren 1948 unter den ersten Ländern, die Israel anerkannten. Präsident Harry Truman traf diese Entscheidung nur Minuten nach Israels Unabhängigkeitserklärung. Diese rasche Anerkennung war ein Meilenstein für ein dauerhaftes Bündnis. Trumans Entscheidung basierte auf dem Bewusstsein für die Schrecken des Holocaust und auf den tief verwurzelten jüdisch-christlichen Werten in der amerikanischen Kultur.

Über die Jahrzehnte hinweg stärkten gemeinsame demokratische Werte die Beziehungen zwischen den USA und Israel. Beide Nationen schätzen und verteidigen Grundfreiheiten, die Eckpfeiler demokratischer Gesellschaften sind. Dazu zählen die Rede-, Religions- und Pressefreiheit. Diese Prinzipien prägen das lebendige zivile Leben und die offenen Gesellschaften beider Länder.

Die Partnerschaft zeichnet sich auch durch einen starken unternehmerischen und innovativen Geist aus. Israel, oft als "Start-up-Nation" bezeichnet, fand in den USA einen aufgeschlossenen und kooperativen Partner. Besonders in Bereichen wie Technologie, Cybersicherheit und Landwirtschaft. Diese Synergie führte zu zahlreichen gemeinsamen Unternehmungen und Innovationen, von denen beide Länder und die Welt profitieren.

Die Beziehungen basieren jedoch nicht nur auf positiver Zusammenarbeit. Sie sind auch durch gemeinsame Herausforderungen und Bedrohungen geprägt. Beide Länder stehen vor existenziellen Bedrohungen und Sicherheitsfragen. Dies führt zu enger Zusammenarbeit in Verteidigung, Nachrichtendiensten und Terrorismusbekämpfung. Das gegenseitige Verständnis für die Herausforderungen festigt das Bündnis.

Trotz starker Bindungen ist die Beziehung nicht frei von Komplexitäten und politischen Meinungsverschiedenheiten. Themen wie der israelisch-palästinensische Konflikt und regionale Dynamiken führten manchmal zu unterschiedlichen Ansätzen. Doch das grundlegende Band - verwurzelt in demokratischen Werten, Freiheit und einer gemeinsamen Vision für Sicherheit und Wohlstand - bringt die Nationen immer wieder zusammen.

Zusammenfassend geht die Beziehung zwischen den USA und Israel über typische internationale Bündnisse hinaus. Es ist eine Partnerschaft, basierend auf einer tiefen Verbundenheit durch gemeinsame historische Erzählungen, demokratische Ideale und das Streben nach einer stabilen, florierenden Zukunft. Diese tiefe Verbindung unterstreicht, dass internationale Beziehungen nicht nur strategische Interessen verfolgen, sondern auch auf gemeinsamen Werten und Zielen basieren.

Militärische und wirtschaftliche Zusammenarbeit

Die Beziehungen zwischen den USA und Israel, die sich durch eine solide militärische und wirtschaftliche Zusammenarbeit auszeichnen, sind ein vielschichtiges Bündnis, das von gemeinsamen strategischen Interessen, gegenseitigem Respekt und der Verpflichtung zur Förderung gemeinsamer Ziele geprägt ist. Die militärische Zusammenarbeit zwischen den USA und Israel ist ein Eckpfeiler ihrer Beziehungen. Angefangen mit einem bescheidenen Darlehen in Höhe von 100 Millionen Dollar im Jahr 1949 wurde die militärische Hilfe der USA für Israel nach dem Sechstagekrieg von 1967 erheblich ausgeweitet. In Anerkennung der strategischen Bedeutung Israels im Nahen Osten haben die USA umfangreiche Militärhilfe geleistet, die Israel zu einem der führenden Empfänger von US-Militärhilfe im Ausland macht. Diese Hilfe umfasst moderne Verteidigungssysteme, Flugzeuge und nachrichtendienstliche Unterstützung, die Israels Verteidigungskapazitäten erheblich verbessern.

Ein Schlüsselprodukt dieser militärischen Partnerschaft ist das Raketenabwehrsystem "Iron Dome", das von israelischen Unternehmen mit erheblicher finanzieller Unterstützung der USA entwickelt wurde. Iron Dome hat beim Abfangen ankommender Bedrohungen eine entscheidende Rolle gespielt und die Effektivität der gemeinsamen militärischen Forschung und Entwicklung unter Beweis gestellt. Dieses System ist nicht nur ein technisches Wunderwerk, sondern auch ein Beweis für die lebensrettende Wirkung der amerikanisch-israelischen Verteidigungszusammenarbeit.

Die wirtschaftlichen Beziehungen zwischen den beiden Nationen sind ebenfalls sehr eng, insbesondere seit dem Abschluss des Freihandelsabkommens zwischen den USA und Israel im Jahr 1985, dem ersten Abkommen dieser Art, das die USA abgeschlossen haben. Dieses Abkommen legte den Grundstein für einen verstärkten bilateralen Handel, der in Sektoren wie Technologie, Landwirtschaft und Pharmazeutika ein erhebliches Wachstum verzeichnete. Israelische Innovationen, wie die Tropfbewässerungstechnologie, wurden in den USA sehr positiv aufgenommen, insbesondere wegen ihrer wassersparenden Möglichkeiten in der Landwirtschaft. Diese Technologie, die anfangs mit Skepsis betrachtet wurde, hat sich zu einem wichtigen Instrument für eine nachhaltige Landwirtschaft entwickelt und symbolisiert das Potenzial und den Erfolg israelisch-amerikanischer Unternehmenskooperationen.

Investitionen und Partnerschaften im Technologiebereich sind ein weiteres Beispiel für die wirtschaftlichen Synergien zwischen den beiden Ländern. Amerikanische Technologiekonzerne haben in Israel bedeutende Forschungs- und Entwicklungszentren eingerichtet, und israelische Start-ups suchen häufig auf dem US-Markt nach Wachstum und Innovation. Diese wechselseitigen Beziehungen gehen über reine Geschäftstransaktionen hinaus und spiegeln ein gemeinsames Ethos von Innovation, Unternehmertum und Fortschritt wider.

Insgesamt geht die militärische und wirtschaftliche Zusammenarbeit zwischen den USA und Israel über eine einfache transaktionale Dynamik hinaus. Es handelt sich um eine Allianz, die auf einem Fundament aus Vertrauen, gemeinsamen Werten und einem gemeinsamen Engagement für die Gewährleistung von Sicherheit und die Förderung des Wirtschaftswachstums beruht. Von Verteidigungssystemen wie "Iron Dome" bis hin zu landwirtschaftlichen Innovationen wie der Tropfbewässerung spielt die amerikanisch-israelische Partnerschaft weiterhin eine entscheidende Rolle bei der Gestaltung einer sichereren und wohlhabenderen Zukunft für beide Länder und die Weltgemeinschaft im weiteren Sinne.

Die amerikanisch-jüdische Gemeinschaft und ihr Einfluss

Die amerikanisch-jüdische Gemeinschaft, die mehr als 6 Millionen Menschen umfasst, hat maßgeblich die amerikanische Kultur, Politik und die Beziehungen zwischen den Vereinigten Staaten und Israel geprägt. Diese Gemeinschaft, die etwa 2 % der US-Bevölkerung ausmacht, übt einen bemerkenswerten Einfluss aus, der weit über ihre Anzahl hinausgeht.

Die jüdischen Einwanderer, die vorwiegend aus Osteuropa

kamen, erreichten Ende des 19. und Anfang des 20. Jahrhunderts Amerika, auf der Suche nach Zuflucht vor Verfolgung und einem besseren Leben. Sie legten den Grundstein für eine dynamische jüdisch-amerikanische Gemeinschaft, gekennzeichnet durch die Gründung religiöser, kultureller und wohltätiger Einrichtungen. Diese frühen Bemühungen bildeten die Basis für eine Gemeinschaft, die tief in der Tradition verwurzelt und aktiv am gesellschaftlichen und politischen Leben Amerikas beteiligt ist.

Die heutige amerikanisch-jüdische Gemeinschaft zeichnet sich durch ihre Vielfalt aus und umfasst ein breites Spektrum an religiösen Überzeugungen, kulturellen Identitäten und politischen Ansichten. Diese Vielfalt zeigt sich in den vielfältigen Zugängen zu jüdischen Traditionen, kulturellen Praktiken sowie dem Engagement in sozialen und politischen Belangen. Trotz dieser Unterschiede besteht ein gemeinsames Engagement für die Gemeinschaft und deren Unterstützung, besonders im Bereich der Politik und sozialen Gerechtigkeit.

Die Gründung Israels im Jahr 1948 weckte ein tiefes Gefühl der Verbundenheit und des Stolzes in der amerikanisch-jüdischen Gemeinschaft. Dies führte zu verstärkter Unterstützung und intensiveren Beziehungen zwischen den USA und Israel, maßgeblich beeinflusst von jüdisch-amerikanischen Interessenvertretungen. Organisationen wie das American Israel Public Affairs Committee (AIPAC) spielten eine wichtige Rolle bei der Gestaltung der US-Politik gegenüber Israel, setzten sich für die Fortsetzung der Auslandshilfe ein und förderten starke bilaterale Beziehungen.

Die amerikanisch-jüdische Sichtweise auf Israel ist jedoch nicht einheitlich. Die Meinungen reichen von leidenschaftlicher Unterstützung bis zu kritischem Engagement. Gruppen wie J Street, die eine Zweistaatenlösung befürworten, vertreten eine kritischere Haltung gegenüber bestimmten israelischen Maßnahmen und verdeutlichen die Vielfalt der

Gemeinschaftsansichten zu Israel und seiner Politik.

In den Bereichen Kultur, Kunst und Wissenschaft haben jüdische Amerikaner unvergessliche Beiträge geleistet und sind zu einem integralen Bestandteil der amerikanischen Kulturlandschaft geworden. Persönlichkeiten wie Bob Dylan, Ruth Bader Ginsburg und Steven Spielberg werden nicht nur als jüdisch-amerikanische Ikonen gefeiert, sondern auch als einflussreiche Persönlichkeiten in der amerikanischen Kultur und Geschichte.

Zusammenfassend hat die amerikanisch-jüdische Gemeinschaft mit ihren vielfältigen Stimmen und Perspektiven das soziale, politische und kulturelle Gefüge der Vereinigten Staaten nachhaltig geprägt. Von ihrem Engagement für Israel und soziale Gerechtigkeit bis hin zu ihren bedeutenden kulturellen Beiträgen spielt die Gemeinschaft weiterhin eine wichtige und einflussreiche Rolle in der Gestaltung der amerikanischen Geschichte und demonstriert ein Vermächtnis an Widerstandsfähigkeit, Engagement und Einfluss.

Die amerikanische Sichtweise der palästinensischen Regierungsführung

Die Haltung der Vereinigten Staaten zur palästinensischen Regierungsführung ist ein wesentlicher Aspekt ihrer breiteren Nahostpolitik, insbesondere im Zusammenhang mit dem israelisch-palästinensischen Konflikt. Diese Perspektive hat sich im Laufe der Zeit unter dem Einfluss der Entwicklungen in der Region und der Veränderungen in der US-Außenpolitik weiterentwickelt.

Anfänglich zögerten die USA, sich direkt mit der Palästinensischen Befreiungsorganisation (PLO) zu befassen, da sie diese aufgrund ihrer militanten Aktivitäten mit Misstrauen betrachteten. In den späten 1980er Jahren kam es jedoch zu einem deutlichen Wandel. Nachdem die PLO das Existenzrecht Israels anerkannt und dem Terrorismus abgeschworen hatte, erkannten die USA sie als legitime Vertreterin des palästinensischen Volkes an. Diese Anerkennung markierte den Beginn einer direkteren und diplomatischeren Zusammenarbeit mit der palästinensischen Führung.

Die Osloer Abkommen in den 1990er Jahren, bei deren Vermittlung die USA eine Schlüsselrolle spielten, wurden als großer Durchbruch angesehen. Sie führten zur Gründung der Palästinensischen Autonomiebehörde (PA), die im Rahmen des Friedensprozesses als vorläufiges Selbstverwaltungsorgan gedacht war. Die USA unterstützten diese Entwicklung, da sie sie als einen Schritt zur Verwirklichung einer Zwei-Staaten-Lösung ansahen.

Die US-Perspektive auf die palästinensische Regierungsführung war jedoch auch von Bedenken und Herausforderungen geprägt. Der Aufstieg der Hamas, insbesondere ihr Wahlsieg im

Jahr 2006 und die anschließende Kontrolle des Gazastreifens, erschwerte den Ansatz der USA. Die Vereinigten Staaten, zusammen mit Israel und der Europäischen Union, haben die Hamas als terroristische Organisation eingestuft. Folglich besteht die Politik der USA darin, ein offizielles Engagement mit der Hamas abzulehnen, solange sie Israel nicht anerkennt, der Gewalt abschwört und sich nicht an frühere Vereinbarungen hält.

Darüber hinaus sind Fragen wie Staatsführung, Korruption, Menschenrechte und Pressefreiheit in den palästinensischen Gebieten für die USA von großer Bedeutung. Amerika ist zwar ein bedeutender Geber, der Hilfe für die Entwicklung, die Verbesserung der Staatsführung und die Sicherheitsreformen leistet, doch ist diese Hilfe politischen Erwägungen und Schwankungen unterworfen.

Im Laufe der Jahre haben verschiedene US-Regierungen diese komplexe Dynamik gesteuert und dabei den Wunsch, das palästinensische Volk zu unterstützen, mit der Notwendigkeit, Sicherheit und Stabilität in der Region zu gewährleisten, abgewogen. Die USA setzen sich weiterhin für eine friedliche Lösung des Konflikts und die Errichtung eines lebensfähigen, demokratischen palästinensischen Staates ein. Diese Unterstützung ist jedoch eng mit breiteren geopolitischen Erwägungen und der komplexen Realität vor Ort verknüpft.

Zusammenfassend lässt sich sagen, dass die US-Perspektive auf die palästinensische Regierungsführung durch ein empfindliches Gleichgewicht von Diplomatie, strategischen Interessen und dem Engagement für Frieden und Sicherheit in der Region gekennzeichnet ist. Die Situation entwickelt sich weiter und damit auch der Ansatz der USA, der die Vielschichtigkeit und Dynamik dieses langjährigen Konflikts widerspiegelt.

Das Engagement der Vereinigten Staaten gegenüber der palästinensischen Regierung und ihrer Bevölkerung ist ein vielschichtiges Unterfangen. Es ist durch Hilfe, Diplomatie und ein breiteres Engagement gekennzeichnet und spiegelt die Komplexität des Nahen Ostens sowie die sich wandelnde Landschaft der Weltpolitik wider.

Hilfe: Seit den Osloer Verträgen ist die finanzielle Unterstützung der USA für die palästinensischen Gebiete ein wichtiger Bestandteil ihrer Außenpolitik. Diese Hilfe, hauptsächlich durch die US-Behörde für internationale Entwicklung (USAID) verwaltet, hat sich in Bereichen wie Infrastrukturentwicklung, Gesundheit, Bildung und Regierungsführung als wirksam erwiesen. Projekte wie der Bau von Straßen und Schulen im Westjordanland sind greifbare Beispiele für diese Unterstützung. Die US-Hilfe für die Palästinenser dient jedoch auch als Instrument der Diplomatie, um Friedensverhandlungen und Stabilität in der Region zu fördern. Da diese Hilfe an Bedingungen geknüpft ist, kann sie in Reaktion auf politische Entwicklungen und Maßnahmen der palästinensischen Führung angepasst oder zurückgehalten werden.

Diplomatie: Die US-Diplomatie mit den Palästinensern ist ein wesentlicher Teil der Bemühungen um Frieden im israelisch-palästinensischen Konflikt. Die USA haben oft als Vermittler oder Moderator bei Verhandlungen fungiert und spielten bei Schlüsselmomenten wie der Madrider Konferenz, den Osloer Verträgen und nachfolgenden Friedensinitiativen eine entscheidende Rolle. Diese diplomatischen Bemühungen erlebten sowohl Fortschritte und Optimismus als auch Phasen der Stagnation und Herausforderungen. Sie reflektieren die Komplexität des Friedensprozesses. Die US-Diplomatie bemüht sich, die Interessen beider Seiten auszugleichen und dabei einen Weg zu finden, der von historischen Missständen und politischen Verwicklungen geprägt ist.

Engagement: Jenseits formaler diplomatischer Kanäle engagieren sich die USA in einer Vielzahl von Initiativen, die das Verständnis fördern, Kapazitäten aufbauen und die Zivilgesellschaft in den palästinensischen Gebieten stärken. Programme und Initiativen, geleitet von Organisationen wie der Middle East Partnership Initiative (MEPI), konzentrieren sich auf die Förderung junger palästinensischer Führungskräfte, die Unterstützung von Unternehmern und die Stärkung der Zivilgesellschaft. Diese Bemühungen zielen darauf ab, an der Basis Unterstützung für Frieden und Stabilität aufzubauen und zwischenmenschliche Beziehungen zu fördern, die über politische Streitigkeiten hinausgehen.

Die Beziehungen der USA zu den Palästinensern, umfassend Hilfe, Diplomatie und Engagement, sind ein Beweis für den vielschichtigen Ansatz, der in internationalen Beziehungen erforderlich ist. Insbesondere in einer so komplexen Region wie dem Nahen Osten ist dies von Bedeutung. Während öffentlichkeitswirksame politische Ereignisse oft die Schlagzeilen beherrschen, offenbart ein tieferes Verständnis die anhaltenden Bemühungen, sich auf dem schwierigen Terrain des israelisch-palästinensischen Konflikts zurechtzufinden. Diese nuancierte Beziehung unterstreicht die Wichtigkeit, strategische Interessen mit dem Engagement für Frieden, Stabilität und Wohlstand in den palästinensischen Gebieten in Einklang zu bringen.

Herausforderungen beim Ausgleich der Beziehungen zu Israel

Die Rolle der Vereinigten Staaten im israelisch-palästinensischen Konflikt ist komplex und oft heikel. Sie ist geprägt von der Herausforderung, enge Beziehungen zu Israel zu pflegen, während gleichzeitig palästinensische Bestrebungen berücksichtigt und unterstützt werden. Dieses Gleichgewicht wird von Faktoren wie strategischen Allianzen, Innenpolitik, öffentlicher Wahrnehmung und diplomatischen Feinheiten beeinflusst.

Strategische Allianzen: Die USA und Israel verbinden tiefe, gemeinsame demokratische Werte und gegenseitige Sicherheitsinteressen. Diese enge Beziehung manifestiert sich in der bedeutenden Unterstützung Israels durch die USA, darunter militärische Hilfe und diplomatische Rückendeckung, besonders in internationalen Foren. Dieses enge Bündnis kann jedoch manchmal palästinensische Anliegen in den Schatten stellen, wobei die Handlungen der USA als parteiisch gegenüber Israel wahrgenommen werden. Eine Herausforderung besteht darin, zu gewährleisten, dass diese Allianz mit Israel den Weg zu einer fairen und nachhaltigen Lösung für die Palästinenser nicht versperrt.

Innenpolitik: In den USA hat die innenpolitische Dynamik einen starken Einfluss auf die Außenpolitik gegenüber Israel und den palästinensischen Gebieten. Im Kongress herrscht beträchtliche parteiübergreifende Unterstützung für Israel, und Lobbygruppen wie die AIPAC spielen eine bemerkenswerte Rolle in der Politikgestaltung und öffentlichen Meinung. Obwohl in den USA die Unterstützung für palästinensische Rechte wächst, erreicht diese Gruppe oft nicht denselben Einfluss wie die pro-israelische Lobby. Diese Ungleichheit in der Lobbyarbeit erschwert einen ausgewogenen Ansatz in der Region.

Öffentliche Wahrnehmung und Medien: Die Darstellung des israelisch-palästinensischen Konflikts in den Medien prägt maßgeblich das Verständnis der amerikanischen Öffentlichkeit. Oft werden die komplexen Zusammenhänge vereinfacht oder verzerrt dargestellt, was in den USA zu polarisierten Ansichten führt. Die Feinheiten des Konflikts und die Nuancen beider Sichtweisen gehen im allgemeinen Diskurs oft unter. Eine ausgewogene und umfassende Medienberichterstattung bleibt eine große Herausforderung, die sowohl die öffentliche Meinung als auch politische Entscheidungen beeinflusst.

Diplomatische Nuancen: Die USA haben sich als Vermittler in den israelisch-palästinensischen Friedensgesprächen positioniert, aber diese Rolle wird hinterfragt. Palästinenser äußern Bedenken bezüglich der Unparteilichkeit der USA und zweifeln an, ob die engen Beziehungen zu Israel eine effektive Vermittlung behindern. Ereignisse wie die Anerkennung Jerusalems als Hauptstadt Israels durch die USA verstärken diese Bedenken und verdeutlichen die diplomatische Komplexität der USA in der Region.

Zusammenfassend stehen die USA vor erheblichen Herausforderungen, um ihr langjähriges Bündnis mit Israel aufrechtzuerhalten und gleichzeitig eine gerechte Lösung für die Palästinenser zu fördern. Dies erfordert einen nuancierten diplomatischen Ansatz, Verständnis für die regionale Komplexität und ein Bekenntnis zu Gerechtigkeit und nachhaltigem Frieden. Angesichts der sich entwickelnden geopolitischen Landschaft muss die US-Strategie zur Bewältigung dieser Herausforderungen angepasst werden, wobei das Ziel ist, sowohl der israelischen Sicherheit als auch den palästinensischen Bestrebungen gerecht zu werden.

Kapitel 14: Potenzielle Gefahren und amerikanische Interessen

<u>Der Nahe Osten im weiteren Sinne und amerikanische Interessen:</u>

Der Nahe Osten, eine Region von tiefgreifender strategischer Bedeutung, steht seit langem im Mittelpunkt der amerikanischen Außenpolitik. Die Interessen der Vereinigten Staaten in dieser Region werden durch ein komplexes Zusammenspiel von Faktoren wie Energiesicherheit, regionale Stabilität, Terrorismusbekämpfung und die sich entwickelnde geopolitische Landschaft bestimmt.

Öl und Energiesicherheit: Die Entdeckung und anschließende Ausbeutung der riesigen Ölreserven im Nahen Osten hat die Weltpolitik und -wirtschaft im 20. Jahrhundert maßgeblich beeinflusst. Für die Vereinigten Staaten war die Sicherung des stetigen Ölflusses ein entscheidender Aspekt ihrer Außenpolitik, der die wirtschaftliche Stabilität und das industrielle Wachstum untermauerte. Die USA haben sich mit verschiedenen Regierungen in der Region zusammengetan, um den Zugang zu diesen Energieressourcen zu sichern, wobei sie häufig wirtschaftliche Interessen mit politischen Bündnissen verknüpften.

Die Dynamik des Kalten Krieges: Im geopolitischen Wettstreit der Ära des Kalten Krieges wetteiferten die USA und die Sowjetunion um Einfluss im Nahen Osten. Amerikas Strategie bestand darin, Bündnisse zu schließen und Regime zu unterstützen, die mit seiner antikommunistischen Haltung übereinstimmten. Diese Ära war geprägt von Stellvertreterkriegen und politischen Manövern, wobei der Nahe Osten eine entscheidende Rolle im globalen Kampf zwischen den beiden Supermächten spielte.

Terrorismus und regionale Stabilität: Der Aufstieg des Extremismus und die Bedrohung durch den Terrorismus, insbesondere nach den Anschlägen vom 11. September, führten zu einer Neuausrichtung der US-Politik im Nahen Osten. Amerikas Bemühungen, terroristische Gruppen und ihre Ideologien zu bekämpfen, haben zu militärischen Interventionen und einer verstärkten militärischen Präsenz in der Region geführt. Das Ziel war nicht nur die Zerschlagung terroristischer Netzwerke, sondern auch die Förderung der regionalen Stabilität durch Unterstützung von Regierungen und Initiativen, die extremistischen Narrativen entgegenwirken.

Israel und die Palästinenserfrage: Der israelisch-palästinensische Konflikt bleibt ein zentraler Aspekt des US-Engagements im Nahen Osten. Während die USA ein starkes Bündnis mit Israel aufrechterhalten, haben sie auch die Bedeutung einer gerechten und dauerhaften Lösung des palästinensischen Konflikts erkannt. Die USA haben sich stets für eine Zweistaatenlösung eingesetzt, da sie der Meinung sind, dass die Lösung dieses Konflikts der Schlüssel zu Frieden und Stabilität in der Region ist.

Nukleare Besorgnis: Die potentielle Verbreitung von Atomwaffen, insbesondere im Hinblick auf das iranische Atomprogramm, ist ein wichtiges Anliegen der USA. Es wird als entscheidend für die Aufrechterhaltung der regionalen und globalen Sicherheit angesehen, zu gewährleisten, dass Atomwaffen nicht in die Hände von Staaten oder nichtstaatlichen Akteuren in dieser unbeständigen Region fallen.

Aufstieg der neuen Mächte: Das zunehmende Engagement Chinas und Russlands im Nahen Osten stellt die Politik der USA vor neue Herausforderungen. Diese aufstrebenden Mächte versuchen, ihren Einfluss in der Region auszuweiten, oft durch wirtschaftliche Investitionen und strategische Partnerschaften, was das traditionelle Kräftegleichgewicht verändern und die

Bemühungen der USA zur Durchsetzung ihrer Interessen erschweren könnte.

Zusammenfassend lässt sich sagen, dass die Bedeutung des Nahen Ostens für die strategischen Interessen der USA nicht hoch genug eingeschätzt werden kann. Die Ölreserven der Region, ihre Rolle als Brennpunkt im Kampf gegen den Terrorismus, der andauernde israelisch-palästinensische Konflikt, die Besorgnis über die Verbreitung von Atomwaffen und die sich verändernde geopolitische Landschaft tragen alle dazu bei, dass der Nahe Osten für die US-Außenpolitik von zentraler Bedeutung ist. Die Bewältigung dieser vielfältigen und oft miteinander verknüpften Probleme erfordert einen nuancierten Ansatz, der unmittelbare Sicherheitsbelange mit langfristigen Zielen für regionale Stabilität und Wohlstand in Einklang bringt.

Die Gefahren eines anhaltenden Konflikts

Der anhaltende palästinensisch-israelische Konflikt, der sich über mehrere Jahrzehnte erstreckt, birgt ein komplexes und vielschichtiges Spektrum an Gefahren, nicht nur für die unmittelbare Region, sondern auch für die internationale Gemeinschaft. Die Auswirkungen dieses andauernden Konflikts sind weitreichend und tief in das Gefüge der regionalen und globalen Politik, Gesellschaft und Wirtschaft verwoben.

Humanitäre Krise: Die unmittelbarste und herzzerreißendste Auswirkung des Konflikts ist der humanitäre Tribut, den er sowohl den Palästinensern als auch den Israelis abverlangt. Der Zyklus von Gewalt und Vergeltung hat zu Verlusten an Menschenleben, Verletzungen und psychologischen Traumata geführt. Generationen von Palästinensern und Israelis sind in einem Umfeld aufgewachsen, in dem Angst und Misstrauen oft die Aussichten auf Frieden und Normalität überschatten. Für die unter der Besatzung lebenden Palästinenser besteht das tägliche Leben aus dem Umgang mit Einschränkungen, Kontrollpunkten und wirtschaftlichen Schwierigkeiten. Umgekehrt sehen sich die Israelis der ständigen Bedrohung durch Raketenangriffe und Terrorismus ausgesetzt, die ihre Sicherheitspolitik und ihr gesellschaftliches Selbstverständnis prägen.

Regionale Instabilität und Spillover-Effekte: Der Konflikt fungiert als Krisenherd im Nahen Osten im weiteren Sinne. Er hat das Potenzial, zu einem umfassenderen regionalen Konflikt zu eskalieren und Nachbarländer in eine direkte Konfrontation zu ziehen. Die palästinensische Frage findet in der arabischen Welt oft großen Widerhall, und die Entwicklungen in diesem Konflikt können sich erheblich auf regionale Bündnisse und Politik auswirken.

Auswirkungen auf die globale Sicherheit: Die ungelöste Natur des Konflikts trägt zu dem Narrativ bei, mit dem extremistische Gruppen um Unterstützung werben und Mitglieder rekrutieren. Die Wahrnehmung von Ungerechtigkeit und anhaltenden Konflikten wird ausgenutzt, um Radikalisierung zu fördern, was zu Terrorismus führen kann, der regionale Grenzen überschreitet.

Wirtschaftliche Folgen: Der Konflikt stellt sowohl die Israelis als auch die Palästinenser vor erhebliche wirtschaftliche Herausforderungen. Für Israel hat die Aufrechterhaltung hoher Verteidigungsausgaben zur Gewährleistung der Sicherheit Auswirkungen auf seine Fähigkeit, in andere wichtige Bereiche wie Bildung und Infrastruktur zu investieren. Der Konflikt hemmt auch die wirtschaftliche Entwicklung der Palästinenser, verschlimmert die Armut und behindert die Bemühungen um den Aufbau nachhaltiger Institutionen und Infrastrukturen.

Schwindende Aussichten auf eine friedliche Lösung: Mit jeder Runde der Gewalt rückt die Aussicht auf eine friedliche

Lösung in immer weitere Ferne. Das Vertrauen schwindet, die Positionen verhärten sich, und der Raum für Kompromisse und Dialog wird kleiner. Der Konflikt hält auf beiden Seiten Opfer- und Aggressionsnarrative aufrecht und erschwert es zunehmend, sich eine friedliche Zukunft vorzustellen.

Internationale Diplomatie und Beziehungen: Der Konflikt hat erhebliche Auswirkungen auf die globale Diplomatie. Nationen, die versuchen, zu vermitteln oder den Verlauf des Konflikts zu beeinflussen, müssen sich oft durch eine komplexe Landschaft historischer Missstände, politischer Ideologien und innenpolitischen Drucks bewegen. Internationale Bemühungen um eine Friedensvermittlung, wie die der Vereinigten Staaten und der Vereinten Nationen, sind oft mit Herausforderungen verbunden und werden von verschiedenen Seiten kritisiert.

Zusammenfassend lässt sich sagen, dass der anhaltende palästinensisch-israelische Konflikt vielfältige Gefahren birgt, die weit über die unmittelbare Region hinausreichen. Seine Auswirkungen auf die humanitären Bedingungen, die regionale Stabilität, die globale Sicherheit, die wirtschaftliche Entwicklung, die Aussichten auf Frieden und die internationale Diplomatie unterstreichen die dringende Notwendigkeit einer dauerhaften und gerechten Lösung. Je mehr die Welt diesen Konflikt beobachtet, desto deutlicher wird die Dringlichkeit einer Lösung, die an den Ursachen ansetzt und den Bestrebungen sowohl der Palästinenser als auch der Israelis Rechnung trägt.

Auswirkungen auf die nationale Sicherheit Amerikas und den globalen Frieden

Der israelisch-palästinensische Konflikt, ein langjähriges und komplexes geopolitisches Thema, hat erhebliche Auswirkungen auf die nationale Sicherheit der USA und die globalen

Friedensbemühungen im weiteren Sinne. Seine Auswirkungen erstrecken sich über verschiedene Dimensionen und berühren die Grundprinzipien und strategischen Ziele der Vereinigten Staaten.

Schüren von Extremismus und anti-amerikanischen Gefühlen: Der Konflikt wird von extremistischen Gruppen häufig als Aufhänger für eine Hetze gegen die Vereinigten Staaten genutzt, insbesondere aufgrund der Wahrnehmung, dass die USA Israel unterstützen. Diese Situation kann zu einer Verstärkung antiamerikanischer Gefühle führen, was die Rekrutierung und Unterstützung extremistischer Gruppierungen intensivieren kann. Der Konflikt trägt daher indirekt zu einem Umfeld bei, in dem Bedrohungen für die amerikanische Sicherheit gedeihen können.

Diplomatische Spannungen in den multilateralen Beziehungen: Die Haltung der USA in der palästinensisch-israelischen Frage führt häufig zu diplomatischen Spannungen, insbesondere in internationalen Foren wie den Vereinten Nationen. Diese Spannungen können Amerikas Allianzen und Partnerschaften verkomplizieren und die Zusammenarbeit in anderen wichtigen globalen Fragen wie Klimawandel, Menschenrechte und Terrorismusbekämpfung behindern.

Stabilität der Verbündeten im Nahen Osten: Der Ausgang des Konflikts wirkt sich direkt auf die Stabilität wichtiger amerikanischer Verbündeter in der Region aus, insbesondere auf Jordanien und Ägypten. Beide Länder beherbergen bedeutende palästinensische Bevölkerungsgruppen und sind für die Interessen der USA im Nahen Osten von entscheidender Bedeutung. Die aus dem Konflikt resultierende Instabilität kann die Sicherheit und politische Stabilität dieser Länder bedrohen, was sich auf die strategischen Interessen der USA auswirkt.

Wirtschaftliche Auswirkungen auf den Welthandel und die Energiemärkte: Angesichts der Rolle des Nahen Ostens als zentrale Drehscheibe für die weltweite Energieversorgung und den Handel kann eine anhaltende konfliktbedingte Instabilität weitreichende wirtschaftliche Auswirkungen haben. Störungen in dieser Region können sich auf die globalen Märkte auswirken und die amerikanischen Wirtschaftsinteressen sowie die Weltwirtschaft beeinträchtigen.

Einfluss auf globale Friedensinitiativen: Der israelisch-palästinensische Konflikt ist häufig ein zentrales Thema in den internationalen Beziehungen und beeinflusst die Dynamik zwischen den Nationen. Die weltweite Aufmerksamkeit und die Ressourcen, die diesem Konflikt gewidmet werden, können von einem gemeinsamen Vorgehen bei anderen dringenden globalen Herausforderungen ablenken und so möglicherweise umfassendere Friedensbemühungen behindern.

Risiko für amerikanische Truppen und Vermögenswerte: Das Engagement der Vereinigten Staaten für die Sicherheit in der Region, insbesondere für Israel, bedeutet, dass jede Eskalation des Konflikts ein verstärktes militärisches Engagement der USA erforderlich machen könnte. Dieses Engagement gefährdet amerikanische Vermögenswerte und Personal in der Region, was unmittelbare Bedenken hinsichtlich der nationalen Sicherheit mit sich bringt.

Moralische und humanitäre Erwägungen: Die humanitäre Situation in den palästinensischen Gebieten, die von Leid und Rechtsverletzungen geprägt ist, stellt die USA vor erhebliche moralische Fragen. Als Nation, die sich für Menschenrechte und demokratische Werte einsetzt, kann die Art und Weise, wie die USA mit dieser Frage umgehen, ihr globales Image und ihr moralisches Ansehen beeinflussen.

Zusammenfassend lässt sich sagen, dass die Auswirkungen des israelisch-palästinensischen Konflikts auf die nationale Sicherheit der USA und den Weltfrieden tiefgreifend und vielschichtig sind. Er ist nicht nur eine regionale Angelegenheit, sondern auch ein wichtiges Anliegen für die Vereinigten Staaten, das ihre strategischen Ziele, ihre moralischen Gebote und ihre Rolle auf der Weltbühne betrifft. Eine wirksame und gerechte Lösung dieses Konflikts ist von entscheidender Bedeutung, nicht nur für die Stabilität in der Region, sondern auch als wesentlicher Bestandteil des Strebens nach einer weltweit friedlichen und sicheren Zukunft.

Kapitel 15: Historische und zeitgenössische europäische Sichtweisen

Europas Vergangenheit und Gegenwart: Die Nachwirkungen des Zweiten Weltkriegs im israelisch-palästinensischen Kontext

Die Nachwirkungen des Zweiten Weltkriegs und des Holocausts haben die europäische Haltung zum israelisch-palästinensischen Konflikt tiefgreifend beeinflusst. Diese historische Periode, die durch beispiellose Tragödien und Schrecken, insbesondere den Völkermord an sechs Millionen Juden, geprägt war, hat sich unauslöschlich in das europäische Bewusstsein eingebrannt. Das Verständnis dieses historischen Kontextes ist von entscheidender Bedeutung für das Verständnis der heutigen europäischen Ansichten über Israel und Palästina.

Nach dem Zweiten Weltkrieg wurde Europa mit der entsetzlichen Realität des Holocausts konfrontiert. Die Entdeckung der Konzentrationslager und das Ausmaß der nationalsozialistischen Gräueltaten führten zu einem kollektiven Schuld- und Verantwortungsgefühl, insbesondere in Deutschland. Aus dieser historischen Aufarbeitung erwuchs eine tief verwurzelte Verpflichtung, dafür zu sorgen, dass sich solche Gräueltaten nie wiederholen, und vermittelte ein Gefühl der moralischen Verpflichtung gegenüber dem jüdischen Volk. Infolgedessen wurde die Unterstützung für die Gründung eines jüdischen Staates, die 1948 in der Gründung Israels gipfelte, in Europa weithin als notwendige und gerechte Reaktion auf die Schrecken des Holocaust angesehen.

Deutschland, das sich mit seiner nationalsozialistischen Vergangenheit auseinandersetzt, hat sich seitdem Israel gegenüber besonders sensibel und unterstützend verhalten. Diese Unterstützung wurzelt in einer historischen Verantwortung, die oft als "besondere Beziehung" bezeichnet wird. Die deutsche Politik gegenüber Israel zeichnet sich durch enge diplomatische Beziehungen, wirtschaftliche Unterstützung und politische Rückendeckung aus, insbesondere in internationalen Foren. Diese Haltung war ein Eckpfeiler der deutschen Außenpolitik, getrieben von dem Wunsch, für die Vergangenheit zu büßen und die Sicherheit und den Wohlstand des jüdischen Staates zu unterstützen.

Dieser historische Kontext bildet jedoch auch einen komplexen Hintergrund für die europäische Haltung gegenüber der palästinensischen Frage. Zwar besteht ein allgemeiner Konsens über das Existenz- und Selbstverteidigungsrecht Israels, doch ist man auch sehr besorgt über die humanitäre Lage der Palästinenser. Die europäische Geschichte, insbesondere die Betonung der Menschenrechte nach dem Zweiten Weltkrieg, macht die europäischen Länder sensibel für Fragen der Besatzung, des Ausbaus von Siedlungen und der Rechte von Vertriebenen. Dies hat zu Kritik an bestimmten israelischen Maßnahmen geführt, insbesondere an solchen, die die Aussichten auf Frieden untergraben und gegen das Völkerrecht verstoßen.

Die Europäische Union, die eine kollektive europäische Haltung vertritt, hat sich stets für eine Zwei-Staaten-Lösung eingesetzt, die das Recht sowohl der Israelis als auch der Palästinenser auf Selbstbestimmung und Sicherheit anerkennt. Die europäischen Staaten haben sich häufig kritisch zu Handlungen geäußert, die sie als Hindernisse für den Frieden ansehen, wie z. B. die Siedlungsaktivitäten in den besetzten palästinensischen Gebieten. Diese Position spiegelt einen Balanceakt zwischen der historischen Unterstützung Israels und dem Engagement für die Menschenrechte und das Völkerrecht wider.

In den letzten Jahren ist die europäische Öffentlichkeit für die Notlage der Palästinenser immer sensibler geworden. Dieser Wandel ist zum Teil auf die Medienberichterstattung zurückzuführen, die häufig die humanitären Aspekte des Konflikts hervorhebt. Das Wachstum der sozialen Medien hat ebenfalls eine Rolle bei der Meinungsbildung gespielt, da sie eine Plattform für verschiedene Erzählungen und Perspektiven bieten.

Während die Europäer Israel nach wie vor stark unterstützen, wird der Ruf nach einem ausgewogeneren Ansatz lauter, der die Rechte und Bedürfnisse der Palästinenser berücksichtigt. Die Herausforderung für Europa besteht darin, dieses komplexe historische Erbe zu bewältigen und gleichzeitig für einen gerechten und dauerhaften Frieden in der Region einzutreten. Der Holocaust und der Zweite Weltkrieg sind nicht nur historische Ereignisse, sondern auch tief in der europäischen Psyche verankert und beeinflussen die Art und Weise, wie aktuelle Themen, einschließlich des israelisch-palästinensischen Konflikts, wahrgenommen und behandelt werden. Indem Europa sich weiterhin mit seiner Vergangenheit auseinandersetzt, übernimmt es eine entscheidende Rolle bei der Gestaltung der Zukunft dieses anhaltenden Konflikts.

Deutschland und Israel: Ein Band, das durch die Geschichte geschmiedet wurde

Die Beziehungen zwischen Deutschland und Israel sind einzigartig und durch den historischen Kontext des Holocausts und des Zweiten Weltkriegs tief geprägt. Dieses Band, das nach einer der dunkelsten Perioden der Geschichte geschmiedet wurde, spiegelt ein komplexes Zusammenspiel von historischer Verantwortung, diplomatischen Beziehungen und einem Engagement für den Frieden im Nahen Osten wider.

Das Ende des Zweiten Weltkriegs markierte den Beginn einer neuen Ära in der deutschen Außenpolitik, insbesondere in Bezug auf die Haltung gegenüber dem jüdischen Volk und dem neu gegründeten Staat Israel. Das Eingeständnis der deutschen Verantwortung für den Holocaust führte zu einer tiefgreifenden Verpflichtung, die Sicherheit und den Wohlstand Israels zu gewährleisten. Dieses Engagement ist nicht nur eine diplomatische Haltung, sondern eine tief verwurzelte, moralische Verpflichtung, die zu einem Eckpfeiler der deutschen nationalen Identität in der Nachkriegszeit geworden ist.

Diese besondere Beziehung ist durch eine Reihe von Reparationen, diplomatische Unterstützung und strategische Zusammenarbeit gekennzeichnet. 1952 unterzeichnete Deutschland das Luxemburger Abkommen mit Israel, in dem es sich zu umfangreichen Reparationszahlungen für die jüdischen Opfer der NS-Verfolgung verpflichtete. Dieser Akt war mehr als ein finanzieller Ausgleich; er war eine symbolische Geste der Sühne und ein Schritt in Richtung Versöhnung. Im Laufe der Jahrzehnte hat Deutschland Israel sowohl politisch als auch wirtschaftlich weiter unterstützt, unter anderem durch militärische Hilfe und Zusammenarbeit in verschiedenen Bereichen.

Die Beziehungen Deutschlands zum Nahen Osten beschränken sich jedoch nicht auf die Beziehungen zu Israel. Deutschland hat sich auch aktiv an den Bemühungen zur Lösung der palästinensischen Probleme beteiligt und dabei seine historische Verantwortung gegenüber Israel mit seinem Einsatz für Menschenrechte und Frieden in der Region in Einklang gebracht. Deutschland unterstützt eine Zwei-Staaten-Lösung und hat sich lautstark für einen lebensfähigen und souveränen palästinensischen Staat an der Seite Israels eingesetzt. Die deutsche Außenpolitik ist Ausdruck des Engagements für Frieden und Stabilität in der Region und setzt sich für Verhandlungen und diplomatische Lösungen des Konflikts ein.

Im Bereich der humanitären Hilfe und der Entwicklungshilfe gehört Deutschland zu den größten Gebern. Besonders in den palästinensischen Gebieten leistet es umfangreiche Unterstützung. Diese Hilfe zielt darauf ab, die Lebensbedingungen zu verbessern, die wirtschaftliche Entwicklung zu fördern und Infrastrukturprojekte zu unterstützen. Der deutsche Einsatz in palästinensischen Angelegenheiten umfasst auch diplomatische Bemühungen, um den Dialog und die Versöhnung zwischen israelischen und palästinensischen Führern zu erleichtern.

Die Wahrnehmung des israelisch-palästinensischen Konflikts in der deutschen Öffentlichkeit ist nuanciert und wird durch das historische Erbe des Landes und sein Engagement für die Menschenrechte geprägt. Es gibt eine starke Unterstützung für Israel, aber auch Empathie für die palästinensische Notlage und Besorgnis über Themen wie die Siedlungen, die Blockade des Gazastreifens und die Menschenrechtslage in den besetzten Gebieten. Die deutschen Medien spielen eine wichtige Rolle bei der öffentlichen Meinungsbildung, da sie in ihrer Berichterstattung häufig sowohl die sicherheitspolitischen Herausforderungen Israels als auch die humanitären Probleme in den palästinensischen Gebieten hervorheben.

Deutschlands einzigartige Beziehung zu Israel ist zwar in historischer Schuld verwurzelt, hat sich aber zu einer Partnerschaft entwickelt, die auf gegenseitigem Respekt, gemeinsamen demokratischen Werten und dem gemeinsamen Wunsch nach Frieden beruht. Gleichzeitig spiegelt die deutsche Herangehensweise an palästinensische Fragen ein breiteres Bekenntnis zu den Menschenrechten und dem Völkerrecht wider. Dieser doppelte Ansatz unterstreicht die Rolle Deutschlands als Schlüsselakteur bei der Suche nach einer dauerhaften Lösung des israelisch-palästinensischen Konflikts.

Die Haltung der Europäischen Union (EU) zum israelisch-palästinensischen Konflikt ist ein entscheidendes Element für das Verständnis der Dynamik der internationalen Beziehungen im Nahen Osten. Als bedeutender politischer und wirtschaftlicher Block hat die Position der EU erhebliches Gewicht und spiegelt einen kollektiven Ansatz zu einem langjährigen und komplexen Thema wider. Die EU unterstützt eine Zweistaatenlösung, die Einhaltung des Völkerrechts und kritisiert bestimmte politische Maßnahmen, die als Hindernis für den Friedensprozess angesehen werden.

Im Zentrum der EU-Politik steht die Förderung einer Zweistaatenlösung, welche das friedliche Zusammenleben von Israel und Palästina als souveräne Staaten innerhalb sicherer und anerkannter Grenzen vorsieht. Dieser Ansatz wird von der EU als der vielversprechendste Weg zur Beilegung des Konflikts gesehen, um die Hoffnungen sowohl des israelischen als auch des palästinensischen Volkes zu erfüllen. Diese Position entspricht dem breiteren Engagement der EU für das Völkerrecht, die Menschenrechte und die Prinzipien der Selbstbestimmung.

Um dieses Ziel zu erreichen, engagiert sich die EU aktiv in diplomatischen Bemühungen und spielt eine Rolle in verschiedenen Friedensinitiativen. Als Teil des Nahost-Quartetts, zu dem auch die Vereinten Nationen, die Vereinigten Staaten und Russland gehören, bemüht sich die EU um die Vermittlung von Friedensverhandlungen. Ihr Engagement basiert auf der Überzeugung, dass eine Verhandlungslösung die einzige nachhaltige Lösung für den Konflikt darstellt.

Kritisch betrachtet die EU bestimmte politische Maßnahmen, insbesondere jene Israels. Ein besonders umstrittenes Thema ist die Ausweitung der israelischen Siedlungen in den besetzten palästinensischen Gebieten, einschließlich Ost-Jerusalem. Diese Siedlungen werden von der EU als völkerrechtswidrig und als erhebliches Hindernis für den Frieden angesehen. Ihr weiterer Ausbau untergräbt die Lebensfähigkeit eines zusammenhängenden und unabhängigen palästinensischen Staates und gefährdet so die Aussichten auf eine Zweistaatenlösung.

Darüber hinaus äußert die EU Besorgnis über andere politische Maßnahmen und Aktionen, die den Friedensprozess beeinträchtigen könnten. Dazu zählen die Zerstörung palästinensischer Häuser und Infrastruktur, die Situation im Gazastreifen und die humanitäre Lage der palästinensischen Bevölkerung. Die EU setzt sich für das Recht der Palästinenser ein, in Würde, Freiheit und Sicherheit zu leben, und unterstützt gleichzeitig das Recht Israels, seine Sicherheit zu gewährleisten.

Der Ansatz der EU umfasst auch finanzielle und humanitäre Hilfe für die palästinensischen Gebiete. Diese Hilfe zielt darauf ab, die wirtschaftliche Entwicklung, den Aufbau von Institutionen und die Bereitstellung grundlegender Dienstleistungen zu unterstützen. Als einer der größten Geber für das palästinensische Volk zeigt die EU ihr Engagement für Frieden und Stabilität in der Region.

Zusammenfassend repräsentiert die Position der EU zum israelisch-palästinensischen Konflikt ein Gleichgewicht zwischen der Unterstützung des Existenz- und Verteidigungsrechts Israels und der Förderung der Rechte und Bestrebungen des palästinensischen Volkes. Diese Haltung basiert auf den Prinzipien des Völkerrechts, dem Streben nach einer Zwei-Staaten-Lösung und dem Engagement für einen gerechten und dauerhaften Frieden im Nahen Osten. Das Engagement der EU, sowohl als Vermittler als auch als Geber, verdeutlicht ihre aktive Rolle bei der Suche nach einer Lösung für diesen anhaltenden Konflikt.

Die diplomatische Rolle Europas im israelisch-palästinensischen Friedensprozess

Das Engagement Europas im israelisch-palästinensischen Friedensprozess zeugt von seiner Entschlossenheit, einen der langwierigsten Konflikte der modernen Geschichte zu lösen. Dieses Engagement hat verschiedene Formen angenommen, von Initiativen einzelner europäischer Länder bis hin zu gemeinsamen Bemühungen unter dem Dach der Europäischen Union (EU). Das Verständnis dieser diplomatischen Initiativen gibt Aufschluss über die Rolle und den Einfluss Europas im Nahost-Friedensprozess.

Der Ansatz der Europäischen Union in Bezug auf den israelisch-palästinensischen Konflikt wird durch das Bekenntnis zum Völkerrecht und das Streben nach einer verhandelten Zweistaatenlösung untermauert. Als bedeutender politischer und wirtschaftlicher Akteur hat die EU ihren Einfluss geltend gemacht, um den Dialog und die Verhandlungen zwischen den Parteien zu fördern. Die Haltung der EU ist klar: eine friedliche Lösung, die Sicherheit für Israel und einen lebensfähigen, souveränen Staat für die Palästinenser garantiert.

Eine der wichtigsten Plattformen für das Engagement der EU im Friedensprozess ist das Nahost-Quartett, dem die EU, die Vereinten Nationen, die Vereinigten Staaten und Russland angehören. Das 2002 gegründete Quartett soll Friedensverhandlungen vermitteln und hat verschiedene Vorschläge und Rahmenregelungen zur Förderung des Friedensprozesses vorgelegt. Die Beteiligung der EU am Quartett ist Ausdruck ihres Engagements für einen multilateralen Ansatz und ihres Glaubens an die Notwendigkeit internationaler Zusammenarbeit zur Lösung des Konflikts.

Neben dem Quartett hat die EU auch verschiedene unabhängige Initiativen ergriffen. Dazu gehören diplomatische Missionen, die Förderung des Dialogs und die Unterstützung vertrauensbildender Maßnahmen zwischen Israelis und Palästinensern. Die EU hat auch ihren wirtschaftlichen Einfluss durch Handel und Hilfe genutzt, um Schritte in Richtung Frieden zu fördern. So ist die EU beispielsweise ein wichtiger Handelspartner Israels und leistet der Palästinensischen Autonomiebehörde beträchtliche finanzielle Unterstützung.

Einzelne europäische Länder haben ebenfalls eine Rolle im Friedensprozess gespielt, wobei jedes Land seine eigenen Perspektiven und diplomatischen Strategien einbrachte. Länder wie Frankreich, Deutschland und das Vereinigte Königreich haben in der Vergangenheit aktiv Friedensinitiativen vorgeschlagen, Gespräche organisiert und direkte diplomatische Beziehungen zu israelischen und palästinensischen Führern unterhalten. Diese Bemühungen sind oft mit der allgemeinen EU-Politik abgestimmt, spiegeln aber auch die spezifischen außenpolitischen Ziele der einzelnen Länder wider.

Die Rolle Deutschlands im Friedensprozess ist aufgrund seiner einzigartigen historischen Beziehung zu Israel besonders bemerkenswert. Deutschland unterstützt Israel zwar nachdrücklich, setzt sich aber auch für eine gerechte Lösung für die Palästinenser ein. Die deutsche Diplomatie hat sich auf die Förderung des Dialogs, die Unterstützung der wirtschaftlichen Entwicklung in den palästinensischen Gebieten und das Eintreten für eine Zwei-Staaten-Lösung konzentriert.

Trotz dieser Bemühungen bleiben jedoch erhebliche Herausforderungen bestehen. Die Komplexität des Konflikts, einschließlich der Fragen im Zusammenhang mit den Siedlungen, den Grenzen, dem Status Jerusalems und den Sicherheitsbedenken, hat Fortschritte auf dem Weg zu einem dauerhaften Friedensabkommen behindert. Die EU und die einzelnen europäischen Länder stehen weiterhin vor der

Herausforderung, ein Gleichgewicht zwischen ihrer Unterstützung für die Sicherheit Israels und dem Eintreten für die Rechte und die Selbstbestimmung der Palästinenser zu finden.

Zusammenfassend lässt sich sagen, dass die diplomatischen Initiativen Europas im israelisch-palästinensischen Friedensprozess ein nachhaltiges Engagement für eine friedliche Lösung zeigen. Durch die Bemühungen der EU und einzelner Länder hat Europa versucht, eine konstruktive Rolle bei der Förderung des Dialogs zu spielen, Verhandlungen zu unterstützen und die Aussicht auf eine friedliche Koexistenz zwischen Israelis und Palästinensern voranzutreiben. Trotz der Hindernisse und Rückschläge bleibt das Engagement Europas ein entscheidender Bestandteil der internationalen Bemühungen um eine Lösung dieses langjährigen Konflikts.

Die humanitäre Rolle Europas in den palästinensischen Gebieten

Das Engagement Europas in den palästinensischen Gebieten durch humanitäre Hilfe und Entwicklungsprojekte stellt einen wesentlichen Aspekt seiner Außenpolitik im Nahen Osten dar. Dieses Engagement ist Ausdruck eines umfassenderen europäischen Einsatzes für Menschenrechte, Frieden und Stabilität in der Region. Ein Verständnis des Umfangs, der Art und der Auswirkungen der europäischen Beiträge in den palästinensischen Gebieten hilft, die Rolle Europas bei der Unterstützung des palästinensischen Volkes und der Förderung von Bedingungen, die den Frieden fördern, zu verdeutlichen.

Die europäische humanitäre Hilfe für die palästinensischen Gebiete ist umfangreich und vielschichtig und umfasst Nothilfe, Gesundheitsversorgung, Bildung und Infrastrukturentwicklung. Diese Hilfe wird über verschiedene

Kanäle abgewickelt, darunter direkte Hilfe für die Palästinensische Autonomiebehörde, Unterstützung für Organisationen der Vereinten Nationen und Partnerschaften mit Nichtregierungsorganisationen. Die Europäische Union (EU) und ihre Mitgliedstaaten gehören zu den größten Gebern für das palästinensische Volk und zeigen damit ihr Engagement für die Linderung der humanitären Probleme der Palästinenser.

Einer der wichtigsten Bereiche der europäischen humanitären Hilfe ist die Deckung des unmittelbaren Bedarfs, wie die Bereitstellung von Nahrungsmitteln, medizinischer Versorgung und Unterkünften, insbesondere in Krisenzeiten. So hat die europäische Hilfe in Zeiten verschärfter Konflikte oder nach Naturkatastrophen dazu beigetragen, den dringenden Bedarf der betroffenen palästinensischen Bevölkerung zu decken. Diese Soforthilfe ist von entscheidender Bedeutung, um die Auswirkungen solcher Krisen auf das Leben der Zivilbevölkerung zu mildern.

Über die Soforthilfe hinaus konzentrieren sich die europäischen Beiträge in erheblichem Maße auf langfristige Entwicklungsprojekte. Diese Projekte zielen darauf ab, die Lebensbedingungen zu verbessern, die wirtschaftliche Entwicklung zu fördern und die Kapazitäten der palästinensischen Institutionen aufzubauen. Zu den Schwerpunktbereichen gehören das Bildungswesen, wo mit europäischen Mitteln der Bau und die Sanierung von Schulen sowie Ausbildungsprogramme für Lehrer unterstützt werden. Investitionen werden auch im Gesundheitswesen getätigt, einschließlich der Entwicklung von Krankenhauseinrichtungen und medizinischer Ausbildung.

Die Entwicklung der Infrastruktur ist ein weiterer wichtiger Bereich des europäischen Engagements. Dazu gehören Projekte in den Bereichen Wasserversorgung, Abwasserentsorgung und Energie, die für die Verbesserung der Lebensqualität und der öffentlichen Gesundheit in den palästinensischen Gebieten unerlässlich sind. Darüber hinaus unterstützt die europäische Hilfe die landwirtschaftliche Entwicklung, kleine und mittlere Unternehmen und Initiativen zur Schaffung von Arbeitsplätzen, die für das Wirtschaftswachstum und die Verringerung der Armut von entscheidender Bedeutung sind.

Die europäische Unterstützung für Entwicklungsprojekte erstreckt sich auch auf den Aufbau von Institutionen und die Staatsführung. Die Stärkung der palästinensischen Regierungsführung und der öffentlichen Institutionen wird als Schlüssel zur Schaffung eines lebensfähigen palästinensischen Staates und zur Gewährleistung einer effizienten Verwaltung angesehen. Die europäische Hilfe unterstützt die Palästinensische Autonomiebehörde in Bereichen wie der öffentlichen Verwaltung, der Justizreform und dem Engagement der Zivilgesellschaft mit dem Ziel, eine transparente, rechenschaftspflichtige und demokratische Regierungsführung zu fördern.

Trotz dieser Bemühungen gibt es bei der Bereitstellung von Hilfe und der Durchführung von Entwicklungsprojekten nach wie vor Probleme, die häufig auf die komplexe politische und sicherheitspolitische Lage in der Region zurückzuführen sind. Freizügigkeitsbeschränkungen, administrative Hürden und konfliktbedingte Unterbrechungen können die wirksame Verteilung der Hilfe und den Fortschritt von Entwicklungsinitiativen behindern.

Zusammenfassend lässt sich sagen, dass Europas Beitrag zur humanitären Hilfe und zu Entwicklungsprojekten in den palästinensischen Gebieten von seinem Engagement zeugt, die Bedürfnisse des palästinensischen Volkes zu erfüllen und die Voraussetzungen für eine friedliche Lösung des Konflikts zu unterstützen. Durch diese Bemühungen spielt Europa eine wichtige Rolle bei der Förderung der Menschenrechte, der wirtschaftlichen Entwicklung und der Aussicht auf einen lebensfähigen palästinensischen Staat, der friedlich mit Israel koexistiert.

Die europäische Diplomatie im israelisch-palästinensischen Konflikt sieht sich einer Vielzahl von Herausforderungen gegenüber, die die Komplexität und die Sensibilität einer der langwierigsten Auseinandersetzungen der modernen Geschichte reflektieren. Diese Herausforderungen resultieren aus der Notwendigkeit, ein Gleichgewicht in den Beziehungen zu Israel und Palästina zu finden, interne Divergenzen innerhalb Europas zu überbrücken und der Kritik an der Effektivität der europäischen Politik in der Region zu begegnen. Eine tiefere Betrachtung dieser Herausforderungen ermöglicht ein umfassenderes Verständnis der Grenzen und Chancen des europäischen Engagements im Friedensprozess.

Eines der größten Probleme für Europa ist das Aufrechterhalten eines ausgewogenen Ansatzes in Bezug auf Israel und Palästina. Europas historische und moralische Verpflichtung gegenüber der Sicherheit Israels, besonders im Kontext des Holocausts und des Zweiten Weltkriegs, steht oft im Gegensatz zu seinem Einsatz für die Rechte und Selbstbestimmung der Palästinenser. Diese Gratwanderung wird durch die unterschiedlichen Erzählungen und Forderungen beider Seiten weiter verkompliziert. Europas Kritik an der israelischen Siedlungspolitik und den Aktivitäten in den besetzten Gebieten, die als Hindernisse für den Frieden betrachtet werden, kann die Beziehungen zu Israel belasten. Andererseits kann die Unterstützung Europas für die palästinensischen Behörden und ihre Ziele von Israel als Parteinahme wahrgenommen werden.

Eine weitere bedeutende Herausforderung ist die interne Vielfalt und die divergierenden Perspektiven innerhalb Europas selbst. Die Europäische Union, bestehend aus mehreren Mitgliedstaaten mit jeweils eigenen außenpolitischen Prioritäten, hat manchmal Schwierigkeiten, eine einheitliche Position zum israelisch-palästinensischen Konflikt zu finden.

Meinungsverschiedenheiten zwischen den EU-Mitgliedstaaten über bestimmte Themen, wie die Anerkennung der palästinensischen Staatlichkeit oder die Reaktion auf die israelische Politik, können die kollektive diplomatische Wirkung Europas mindern und seine Rolle als glaubwürdiger Vermittler schwächen.

Die Kritik an der europäischen Politik in der Region bezieht sich oft auf deren Effektivität und Auswirkungen. Kritiker behaupten, dass Europa trotz bedeutender finanzieller Unterstützung und diplomatischer Anstrengungen nur begrenzt in der Lage war, den Verlauf des Konflikts zu beeinflussen oder die Parteien einer Lösung näherzubringen. Einige meinen, dass die europäische Politik zu zurückhaltend oder durch politische Überlegungen eingeschränkt ist und es ihr an Einfluss und Durchsetzungskraft fehlt, um signifikante Veränderungen herbeizuführen. Zudem werden die diplomatischen Initiativen Europas manchmal als von der dominanten Rolle der Vereinigten Staaten im Nahost-Friedensprozess überschattet wahrgenommen.

Trotz dieser Schwierigkeiten bleibt Europa ein wichtiger Akteur in der israelisch-palästinensischen Arena. Sein Einsatz für eine verhandelte Zweistaatenlösung, die Einhaltung des internationalen Rechts und umfangreiche humanitäre sowie Entwicklungsunterstützung sind essenzielle Elemente der internationalen Bemühungen um eine Lösung des Konflikts. Die europäische Diplomatie setzt ihre Navigation in der komplexen politischen Landschaft fort und sucht nach effektiven Wegen, um zu Frieden und Stabilität in der Region beizutragen.

Die Rolle Europas im israelisch-palästinensischen Konfflikt ist bezeichnend für seinen breiteren außenpolitischen Ansatz, der von einem Engagement für Multilateralismus, Menschenrechte und Konfliktlösung geprägt ist. Angesichts der sich weiterentwickelnden Lage im Nahen Osten muss Europa seine Strategien anpassen, interne Differenzen ausgleichen und sein diplomatisches Engagement intensivieren, um ein relevanter und einflussreicher Akteur im Streben nach Frieden zu bleiben.

Kapitel 17: Öffentliche Wahrnehmung und Medieneinfluss in Europa

Europäische Perspektiven: Die öffentliche Meinung über den israelisch-palästinensischen Konflikt

Die öffentliche Meinung in Europa zum israelisch-palästinensischen Konflikt ist vielfältig und wird von Faktoren wie dem historischen Kontext, der Darstellung in den Medien und politischen Ideologien beeinflusst. Umfragen und Analysen zeigen, dass die Ansichten in verschiedenen europäischen Ländern erheblich variieren, was ein komplexes Bild der europäischen Haltung zu diesem lang anhaltenden Konflikt ergibt.

Umfragen in verschiedenen europäischen Ländern zeigen oft eine geteilte Meinung zum israelisch-palästinensischen Konflikt. Generell existiert eine weit verbreitete Sympathie für die palästinensische Sache, besonders in Bezug auf die humanitären Aspekte des Konflikts. Viele Europäer sind besorgt über die Lebensbedingungen in den palästinensischen Gebieten, die Auswirkungen der israelischen Siedlungen und die Menschenrechtslage. Diese Sympathie geht häufig mit Kritik an bestimmten Aktionen Israels einher, vor allem bei solchen, die als Hindernisse für den Frieden und als Verstöße gegen das Völkerrecht angesehen werden.

Diese Haltung führt jedoch nicht zu einer einheitlichen Anti-Israel-Stimmung in Europa. Viele Europäer erkennen Israels Sicherheitsbedenken und sein Recht, sich zu verteidigen, an. Der historische Kontext, besonders in Ländern wie Deutschland, führt zu einer differenzierten Betrachtungsweise, die die Komplexität des Konflikts berücksichtigt. In Ländern mit bedeutenden jüdischen Gemeinschaften gibt es auch starke Unterstützung für das Existenzrecht Israels und eine wachsende Sorge über den zunehmenden Antisemitismus, der manchmal mit Kritik an der israelischen Politik verwechselt wird.

Die Unterschiede in der öffentlichen Meinung resultieren aus verschiedenen Faktoren. Die unterschiedlichen historischen Beziehungen und Erfahrungen mit dem Konflikt sind ein wichtiger Aspekt. Die Länder Osteuropas haben aufgrund ihrer eigenen historischen und politischen Entwicklung oft eine andere Sichtweise als Westeuropa. Auch die Medienberichterstattung spielt eine entscheidende Rolle in der Formung der öffentlichen Meinung. Die Darstellung des Konflikts in den Medien, einschließlich der hervorgehobenen oder vernachlässigten Aspekte, beeinflusst die öffentliche Wahrnehmung.

Politische Zugehörigkeiten und Ideologien wirken sich ebenfalls auf die Meinungen zum israelisch-palästinensischen Konflikt aus. Personen mit linkspolitischer Ausrichtung in Europa stehen der israelischen Politik oft kritischer gegenüber und sympathisieren mehr mit der palästinensischen Sache. Im Gegensatz dazu betonen rechtsgerichtete Personen häufig Sicherheitsaspekte und unterstützen stärker die israelische Position. Diese politische Kluft wird in öffentlichen Debatten und Demonstrationen zum Konflikt deutlich.

Darüber hinaus hat der Aufstieg sozialer Medien eine Plattform für ein breites Spektrum von Erzählungen und Perspektiven geschaffen, die zu einer vielfältigeren und manchmal polarisierten Diskussion über den Konflikt geführt hat. In dieser Diskussion werden traditionelle Medienberichte hinterfragt und neue Stimmen hörbar.

Die öffentliche Meinung in Europa über den israelisch-palästinensischen Konflikt spiegelt die Vielfalt und Komplexität der Region selbst wider. Es gibt allgemeine Tendenzen der Sympathie für die Palästinenser und der Besorgnis über die israelische Politik, doch sind diese Ansichten nuanciert und variieren stark zwischen den verschiedenen Ländern und politischen Spektren. Mit der Weiterentwicklung des Konflikts werden sich auch die europäischen Sichtweisen ändern, beeinflusst von der sich wandelnden politischen Dynamik, Medienberichten und sozialen Bewegungen. Das Verständnis dieser Trends ist entscheidend für politische Entscheidungsträger und Interessenvertreter, die sich mit dem europäischen Publikum zu diesem wichtigen Thema austauschen wollen.

Durch europäische Linsen: Mediendarstellung des israelisch-palästinensischen Konflikts

Die Berichterstattung über den israelisch-palästinensischen Konflikt in den europäischen Medien spielt eine entscheidende Rolle für das öffentliche Verständnis und die Wahrnehmung des Themas. Sie variiert stark und reflektiert die unterschiedlichen politischen und kulturellen Kontexte der einzelnen europäischen Länder. Ein Vergleich dieser Berichterstattung mit jener in den USA und anderen Regionen bietet einen tieferen Einblick in die differenzierte Art und Weise, wie der Konflikt dargestellt und wahrgenommen wird.

Europäische Medien legen den Fokus häufig auf humanitäre Aspekte des Konflikts, insbesondere auf die Situation des palästinensischen Volkes. Sie beleuchten oft die Auswirkungen der israelischen Politik auf die palästinensische Zivilbevölkerung, darunter die Folgen militärischer Operationen, die Ausweitung der Siedlungen und Bewegungseinschränkungen in den besetzten Gebieten. Diese

Schwerpunktsetzung auf humanitäre Fragen steht im Einklang mit der europäischen Ausrichtung auf Menschenrechte und Völkerrecht.

Im Gegensatz dazu fokussiert sich die US-Medienberichterstattung traditionell mehr auf Sicherheitsaspekte und die Perspektive Israels. Dies ist teilweise auf die enge politische und strategische Allianz zwischen den USA und Israel zurückzuführen, die sich auch in der Berichterstattung widerspiegelt. In US-Medien wird den sicherheitspolitischen Herausforderungen Israels, einschließlich der Bedrohung durch militante Gruppen und regionaler Instabilität, mehr Bedeutung beigemessen. Das Selbstverteidigungsrecht Israels steht oft im Mittelpunkt, während die humanitäre Lage der Palästinenser weniger beachtet wird.

Europäische Medien unterscheiden sich auch in der Berichterstattung über sensible Themen wie Siedlungspolitik, den Status von Jerusalem und Friedensaussichten. Europäische Journalisten analysieren diese Themen oft kritischer und betrachten deren Auswirkungen auf den Friedensprozess und das Völkerrecht. Dies steht im Kontrast zu Berichterstattungen aus anderen Regionen, wie dem Nahen Osten, wo nationalistische und ideologische Perspektiven oft dominieren.

Ein weiteres Merkmal europäischer Medien ist die Vielfalt der Quellen und Meinungen. Journalisten beziehen häufig Perspektiven von palästinensischen und israelischen Amtsträgern, zivilgesellschaftlichen Organisationen und internationalen Experten ein. Diese Vielstimmigkeit trägt zu einer differenzierten und umfassenden Darstellung des Konflikts bei.

Die europäische Medienberichterstattung steht allerdings auch in der Kritik. Vorwürfe der Voreingenommenheit, sowohl zugunsten Israels als auch der Palästinenser, sind weit verbreitet. Die Komplexität des Konflikts und die damit verbundenen politischen Sensibilitäten erschweren eine objektive Berichterstattung. Zudem hat das Aufkommen von sozialen Medien und alternativen Nachrichtenquellen zu einer zunehmend fragmentierten Medienlandschaft geführt, in der unterschiedliche Narrativen um Aufmerksamkeit ringen.

Die Darstellung des israelisch-palästinensischen Konflikts in den europäischen Medien spiegelt die vielfältige politische und kulturelle Landschaft Europas wider. Die Betonung humanitärer Aspekte, die kritische Analyse umstrittener Fragen und die Einbeziehung verschiedener Perspektiven heben die europäische Berichterstattung von jener in den USA und anderen Regionen ab. Mit der weiteren Entwicklung des Konflikts wird sich auch dessen Darstellung in den Medien weiterentwickeln und so das öffentliche Verständnis und die Meinung in Europa und darüber hinaus prägen.

Die Stimme der Zivilgesellschaft: Die Gestaltung der europäischen Ansichten zum israelisch-palästinensischen Konflikt

Der Einfluss sozialer Bewegungen, Nichtregierungsorganisationen (NRO) und der Zivilgesellschaft auf die Gestaltung der europäischen Einstellungen und Maßnahmen zum israelisch-palästinensischen Konflikt ist bedeutend und vielschichtig. Diese Gruppen spielen eine entscheidende Rolle bei der Bewusstseinsschärfung, der Beeinflussung der öffentlichen Meinung und dem Eintreten für politische Veränderungen. Ihre Aktivitäten umfassen Basisbewegungen sowie internationale Lobbyarbeit und reflektieren die unterschiedlichen Perspektiven und Ansätze der europäischen Zivilgesellschaft bezüglich des Konflikts.

Eine prominente Bewegung, die in Europa Aufmerksamkeit erregt hat, ist die Kampagne Boykott, Desinvestition, Sanktionen (BDS). Diese Bewegung fordert einen wirtschaftlichen, kulturellen und akademischen Boykott Israels, um die israelische Regierung zu drängen, die Besetzung der palästinensischen Gebiete zu beenden, die Rechte der arabisch-palästinensischen Bürger Israels anzuerkennen und palästinensischen Flüchtlingen das Recht auf Rückkehr zu gewähren. Die BDS-Bewegung findet Unterstützung bei verschiedenen europäischen zivilgesellschaftlichen Gruppen und Einzelpersonen, die sie als gewaltfreies Mittel zur Unterstützung der palästinensischen Rechte und zur Infragestellung der israelischen Politik betrachten.

Die BDS-Bewegung ist in Europa jedoch auch auf erhebliche Kritik und Widerstand gestoßen. Kritiker argumentieren, dass sie Israel unfair ausgrenzt, die Aussichten auf Frieden durch Dialog untergräbt und manchmal die Grenze zwischen Kritik an der israelischen Politik und Antisemitismus verwischt. Mehrere europäische Länder haben Entschließungen oder Rechtsvorschriften verabschiedet, in denen sie BDS als diskriminierend und kontraproduktiv für Friedensbemühungen verurteilen.

Auf der anderen Seite des Spektrums gibt es in Europa zahlreiche israelfreundliche Gruppen und Initiativen, die sich für Israel einsetzen. Diese Gruppen bemühen sich, ein positives Bild Israels zu vermitteln, seine demokratischen Werte hervorzuheben und einer ihrer Meinung nach einseitigen Medienberichterstattung und Fehlinformationen entgegenzuwirken. Sie konzentrieren sich auf die sicherheitspolitischen Herausforderungen Israels, die Komplexität des Konflikts und die israelischen Friedensbemühungen. Diese Gruppen arbeiten häufig mit jüdischen Gemeinden in Europa zusammen und unterhalten enge Beziehungen zu israelischen Institutionen.

Das Engagement der europäischen Zivilgesellschaft im israelisch-palästinensischen Konflikt erstreckt sich auch auf humanitäre und friedensstiftende Maßnahmen. Zahlreiche europäische NRO sind in den palästinensischen Gebieten tätig, leisten Hilfe, unterstützen Entwicklungsprojekte und setzen sich für die Menschenrechte ein. Diese Organisationen arbeiten daran, die Lebensbedingungen zu verbessern, den Dialog und die Versöhnung zu fördern und das Bewusstsein für die Auswirkungen des Konflikts auf die Zivilbevölkerung zu schärfen.

Die Rolle der Zivilgesellschaft bei der Gestaltung der europäischen Haltung gegenüber dem israelisch-palästinensischen Konflikt ist ein Beweis für die Kraft des Aktivismus an der Basis und des öffentlichen Engagements. Durch verschiedene Kampagnen, Initiativen und Lobbyarbeit tragen diese Gruppen zu einem besser informierten und vielfältigeren öffentlichen Diskurs bei. Sie liefern alternative Narrative, stellen die bestehende Politik in Frage und bieten neue Perspektiven für den Weg zum Frieden.

Angesichts des anhaltenden Konflikts bleibt die Rolle der Zivilgesellschaft in Europa von entscheidender Bedeutung. Ob sie sich für die Rechte der Palästinenser einsetzen, Israel unterstützen oder auf Frieden und Versöhnung hinarbeiten, diese Gruppen spiegeln die dynamische und komplexe Natur des europäischen Engagements im israelisch-palästinensischen Konflikt wider. Ihr Einfluss reicht über die nationalen Grenzen hinaus und trägt zu einem breiteren internationalen Dialog über eine der schwierigsten und langwierigsten Auseinandersetzungen der modernen Geschichte bei.

Der Weg in die Zukunft: Aussichten auf Frieden

Der israelisch-palästinensische Konflikt mit seinen komplexen historischen und soziopolitischen Dimensionen stellt eine schwierige Herausforderung für den Frieden dar. Der Weg nach vorn ist zwar voller Hindernisse, aber auch voller Möglichkeiten.

Wiederaufnahme der Zweistaatenlösung: Sie bleibt der Eckpfeiler der meisten Friedensinitiativen. Sie sieht vor, dass Israel und ein neuer palästinensischer Staat mit anerkannten Grenzen Seite an Seite leben. Kritische Fragen wie der Status von Jerusalem, Sicherheitsvereinbarungen und die Rechte der palästinensischen Flüchtlinge müssen geklärt werden. Die Machbarkeit dieser Lösung hängt von gegenseitigen Zugeständnissen und Garantien für langfristige Sicherheit und Souveränität ab.

Erwägung einer Ein-Staaten-Lösung: Eine Alternative, wenn auch weniger populär, ist ein einziger Staat, in dem Israelis und Palästinenser die gleiche Staatsbürgerschaft und die gleichen Rechte haben. Hier besteht die größte Herausforderung darin, ein Gleichgewicht zwischen einer jüdischen nationalen Identität und demokratischen Rechten für alle zu schaffen und sicherzustellen, dass sich keine Gruppe ausgegrenzt fühlt.

Regionale Zusammenarbeit und Integration: Die sich verändernde Dynamik im Nahen Osten, insbesondere durch das Abraham-Abkommen – eine Reihe von Normalisierungsabkommen zwischen Israel und verschiedenen arabischen Staaten – eröffnet neue Wege der wirtschaftlichen und politischen Zusammenarbeit. Regionale Akteure könnten entscheidende Unterstützung leisten und Druck ausüben, um die Verhandlungen zu erleichtern, was einen ganzheitlicheren Ansatz für den Frieden ermöglichen könnte.

Bemühungen an der Basis und die Rolle der Zivilgesellschaft: Abgesehen von den Initiativen der Regierungen wächst der Frieden oft von unten nach oben. Gemeinsame israelisch-palästinensische Unternehmungen in der Wirtschaft, im akademischen Bereich und im kulturellen Austausch können Vertrauen und Verständnis schaffen. Auch wenn diese Interaktionen nur einen kleinen Umfang haben, spielen sie eine entscheidende Rolle bei der Schaffung einer gesellschaftlichen Basis für den Frieden.

Internationale Mediation und Unterstützung: Die Rolle der internationalen Vermittler ist nach wie vor wichtig. Die USA, die EU und andere globale Akteure können diplomatische, wirtschaftliche und politische Unterstützung anbieten und beide Seiten ermutigen, sich zu Friedensgesprächen zu verpflichten. Ihre Rolle bei der Bereitstellung von Garantien und der Überwachung der Umsetzung von Vereinbarungen ist von entscheidender Bedeutung.

Zu überwindende Herausforderungen: Tief sitzendes Misstrauen, unterschiedliche Auffassungen und äußere Einflüsse behindern weiterhin den Fortschritt. Ein erfolgreiches Friedenskonzept muss Sicherheitsbedenken, historische Missstände und die Notwendigkeit von wirtschaftlicher Stabilität und Wachstum in den palästinensischen Gebieten berücksichtigen.

Technologische und wirtschaftliche Möglichkeiten: Die Nutzung von Technologie und wirtschaftlicher Entwicklung als Instrumente für den Frieden könnte von entscheidender Bedeutung sein. Gemeinsame Wirtschaftszonen, Technologieparks und kooperative Forschungsinitiativen können die gegenseitige Abhängigkeit und den gegenseitigen Nutzen fördern.

Zusammenfassend lässt sich sagen, dass der Weg zum Frieden im israelisch-palästinensischen Konflikt komplex ist und ein vielschichtiges Konzept erfordert. Er erfordert politischen Willen, innovatives Denken und die Bereitschaft, die grundlegenden Bedürfnisse und Ängste beider Völker zu verstehen und auf sie einzugehen. Die Zukunft hängt von der Fähigkeit ab, Herausforderungen in Chancen für eine nachhaltige und friedliche Koexistenz zu verwandeln.

Die Rolle der internationalen Gemeinschaft und von Einzelpersonen

Das palästinensisch-israelische Problem ist nicht nur eine regionale Angelegenheit, sondern hat weltweite Auswirkungen. Die internationale Gemeinschaft, bestehend aus Staaten, Organisationen und Einzelpersonen, spielt eine einflussreiche Rolle für den Verlauf des Konflikts und mögliche Friedensbemühungen.

Einbindung der Vereinten Nationen: Die Rolle der Vereinten Nationen im palästinensisch-israelischen Konflikt hat viele Facetten. Sie haben Plattformen für den Dialog angeboten, Resolutionen zur Behandlung von Menschenrechtsfragen verabschiedet und versucht, Frieden zu vermitteln. Organisationen wie das UNRWA haben bei der Unterstützung der palästinensischen Flüchtlinge eine entscheidende Rolle gespielt. Die Wirksamkeit und Neutralität der UNO-Aktivitäten waren jedoch häufig Gegenstand von Debatten.

Einfluss der großen Weltmächte: Die USA waren ein wichtiger Vermittler, aber ihre vermeintliche Parteilichkeit hat Fragen zu ihrer Wirksamkeit aufgeworfen. Andere Länder, wie Russland, China und die EU-Mitgliedstaaten, sind in unterschiedlichem Maße beteiligt, wobei jedes Land seine Interessen und Sichtweisen einbringt und damit den internationalen Diskurs über den Konflikt prägt.

Auswirkungen der regionalen Dynamik: Die Haltung der

arabischen Staaten hat sich deutlich gewandelt und spiegelt die sich verändernde regionale Geopolitik und Prioritäten wider. Dieser Wandel hat Auswirkungen sowohl auf die diplomatische Landschaft als auch auf die Realitäten vor Ort.

Rolle der Nichtregierungsorganisationen (NGOs): NGOs, die in der Region aktiv sind, spielen eine entscheidende Rolle bei der humanitären Hilfe, der Interessenvertretung und der Dokumentation von Ereignissen. Ihre Arbeit lenkt oft die internationale Aufmerksamkeit auf die Realitäten des Konflikts und beeinflusst die öffentliche Meinung und die Politik.

Bedeutung von Einzelaktionen: Einzelpersonen und die Zivilgesellschaft haben bewiesen, dass sie in der Lage sind, den Verlauf des Konflikts zu beeinflussen. Graswurzelbewegungen, kultureller Austausch, akademische Zusammenarbeit und Lobbyarbeit spielen eine wichtige Rolle bei der Wahrnehmungsänderung und der Förderung des Dialogs.

Wirkung der öffentlichen Meinung: Die weltweite Stimmung und die Medienberichterstattung können Druck auf Regierungen und internationale Gremien ausüben, damit diese handeln. Die sozialen Medien haben diese Wirkung noch verstärkt und ermöglichen es Einzelpersonen weltweit, ihre Meinung zu äußern und Unterstützung zu mobilisieren.

Wirtschaftlicher Einfluss: Internationale Handelsbeziehungen, Sanktionen und Wirtschaftshilfe sind Instrumente, die von verschiedenen Ländern eingesetzt werden, um die Politik und Maßnahmen im Zusammenhang mit dem Konflikt zu beeinflussen.

Herausforderungen und Kritiken: Das Engagement der internationalen Gemeinschaft ist zwar bedeutsam, wird aber auch kritisiert, weil sie sich entweder zu sehr einmischt oder untätig bleibt, weil sie als voreingenommen wahrgenommen wird und weil sie die Wirksamkeit ihrer Bemühungen in Frage stellt.

Zusammenfassend lässt sich sagen, dass die Rolle der internationalen Gemeinschaft und einzelner Personen im palästinensisch-israelischen Konflikt komplex und vielschichtig ist. Sie ist gekennzeichnet durch eine Kombination aus diplomatischen Bemühungen, humanitärer Hilfe, öffentlicher Meinung und individuellem Aktivismus. Diese Elemente tragen gemeinsam dazu bei, den Verlauf dieses dauerhaften Konflikts zu gestalten, und verdeutlichen die globale Verflechtung bei der Bewältigung solch tief verwurzelter geopolitischer Probleme.

Ermutigung zu kritischem Denken und Empathie

Bei der Auseinandersetzung mit dem palästinensisch-israelischen Konflikt erweist sich die Notwendigkeit von kritischem Denken und Einfühlungsvermögen nicht als bloßes Plädoyer, sondern als wesentliches Instrument zur Bewältigung einer der kompliziertesten geopolitischen Herausforderungen unserer Zeit. Dieser Konflikt, der durchdrungen ist von historischer Komplexität und einem Spektrum menschlicher Erfahrungen, erfordert eine Herangehensweise, die über die konventionellen binären Sichtweisen hinausgeht.

Kritisches Denken im Kontext: Echtes kritisches Denken im Kontext dieses Konflikts setzt voraus, dass man sich mit den Schichten der Geschichte, der Politik und der Kultur auseinandersetzt, die die gegenwärtigen Realitäten geprägt haben. Es erfordert die Anerkennung des vielschichtigen Charakters des Konflikts, bei dem die Geschichte kein Monolith ist, sondern ein Mosaik aus Erzählungen und Erfahrungen. Dieser differenzierte Ansatz hilft, allzu vereinfachte Sichtweisen abzubauen und ein tieferes und umfassenderes Verständnis zu fördern.

Empathie über Grenzen hinweg: Empathie geht in diesem Rahmen über bloße Sentimentalität hinaus. Es ist ein intellektuelles und emotionales Bemühen, die Lebenswirklichkeit von Israelis und Palästinensern zu erfassen. Eine solche Empathie bedeutet nicht, dass die Grenzen der Verantwortlichkeit oder der Gerechtigkeit verwischt werden, sondern sie zielt darauf ab, alle beteiligten Parteien zu vermenschlichen. Es geht um die Anerkennung der gemeinsamen Menschenwürde inmitten der unterschiedlichen Erfahrungen und Bestrebungen.

Die Rolle von Bildung und Medien: Bildungssysteme und Medien haben die Macht, entweder festgefahrene Narrative aufrechtzuerhalten oder Wege zum Verständnis zu eröffnen. Eine informierte und einfühlsame Herangehensweise in diesen Bereichen kann den Grundstein dafür legen, dass künftige Generationen kritisch denken und einfühlsam handeln.

Digitale Konnektivität und globale Stimmen: Im Zeitalter der globalen Vernetzung bieten digitale Plattformen nie dagewesene Möglichkeiten für den direkten Dialog und Austausch. Diese Interaktionen können dazu dienen, Stereotypen abzubauen und ein gemeinsames Gefühl der Menschlichkeit zu fördern.

Auf dem Weg in eine friedliche Zukunft: Am Ende dieser Reise zum Verständnis des palästinensisch-israelischen Konflikts wird deutlich, dass der Weg zum Frieden weder linear noch einfach ist. Er erfordert den kollektiven Willen, kritisch zu denken und Empathie nicht als abstraktes Ideal, sondern als praktisches Instrument zur Konfliktlösung zu begreifen.

Der palästinensisch-israelische Konflikt mit seinen tief verwurzelten Wurzeln und weitreichenden Auswirkungen stellt eine einzigartige Herausforderung für die Welt dar. Diese Herausforderung erfordert eine gründliche Auseinandersetzung mit der Geschichte, ein nuanciertes Verständnis der gegenwärtigen Komplexität und einen hoffnungsvollen, aber pragmatischen Ansatz für die Zukunft. Bei diesem Unterfangen sind kritisches Denken und Empathie nicht nur optionale

Extras, sondern unabdingbare Voraussetzungen für alle, die versuchen, einen der dauerhaftesten Konflikte unserer Zeit zu verstehen und letztlich zu seiner Lösung beizutragen.

Wichtige historische Dokumente und Verträge

1. Balfour-Erklärung

- ✓ Datum: 2. November 1917
- ✓ Vorgeschlagen von: Britischer Außenminister, Arthur Balfour
- ✓ Teilnehmer: In erster Linie die britische Regierung, vorgesehen für Lord Rothschild, einen Führer der britischen jüdischen Gemeinde.
- ✓ Ergebnis: Ein Schreiben, in dem die britische Unterstützung für die Errichtung einer "nationalen Heimstätte für das jüdische Volk" in Palästina zugesagt wird, unbeschadet der Rechte der bestehenden nichtjüdischen Gemeinschaften.
- ✓ Erfolg: Zwar ebnete dies den Weg für die jüdische Einwanderung nach Palästina, aber es säte auch die Saat für arabische Ressentiments aufgrund des gefühlten Verrats durch die Briten.

2. UN-Teilungsplan (Resolution 181)

- ✓ Datum: 29. November 1947
- ✓ Vorgeschlagen von: Sonderausschuss der Vereinten Nationen für Palästina
- ✓ Teilnehmer: Mitglieder der Generalversammlung der Vereinten Nationen
- ✓ Ergebnis: Eine Empfehlung zur Teilung Palästinas in einen jüdischen und einen arabischen Staat, mit Jerusalem unter internationaler Verwaltung.
- ✓ Erfolg: In seiner Gesamtheit erfolglos. Während Israel auf der Grundlage dieser Teilung seine Unabhängigkeit erklärte, lehnten die arabischen Staaten dies ab, was zum arabisch-israelischen Krieg von 1948 führte.

3. Camp-David-Abkommen

- ✓ Datum: 17. September 1978
- ✓ Vorgeschlagen von: US-Präsident Jimmy Carter
- ✓ Teilnehmer: Der ägyptische Präsident Anwar Sadat und der israelische Premierminister Menachem Begin.
- ✓ Ergebnis: Rahmen für den Frieden im Nahen Osten und ein Friedensvertrag zwischen Ägypten und Israel.
- ✓ Erfolg: Erfolgreicher Abschluss des israelisch-ägyptischen Friedensvertrags (März 1979), der seitdem Bestand hat.

4. Osloer Abkommen

- ✓ Datum: 1993 (Oslo I) und 1995 (Oslo II)
- ✓ Vorgeschlagen von: Geheime Verhandlungen, die von Norwegen vermittelt wurden.
- ✓ Teilnehmer: Israel und die Palästinensische Befreiungsorganisation (PLO).
- ✓ Ergebnis: Ein stufenweiser Ansatz zur palästinensischen Selbstverwaltung mit der Einrichtung der Palästinensischen Behörde und einem Plan für umfassende Friedensgespräche.
- ✓ Erfolg: Gemischt. Es führte zwar zur gegenseitigen Anerkennung und zur Einrichtung der palästinensischen Selbstverwaltung in Teilen des Westjordanlands und des Gazastreifens, doch blieben viele Fragen ungelöst und das Vertrauen schwand im Laufe der Jahre.

5. Fahrplan für den Frieden

- ✓ Datum: 30. April 2003
- ✓ Vorgeschlagen von: Das Quartett (USA, UN, EU und Russland)
- ✓ Teilnehmer: Israel und Palästinenser.
- ✓ Ergebnis: Ein Plan, der eine Zweistaatenlösung mit klaren Phasen, Zeitplänen und gegenseitigen vertrauensbildenden Maßnahmen vorschlägt.
- ✓ Erfolg: Erfolglos, da beide Seiten sich gegenseitig der Nichteinhaltung beschuldigten und die Gewalt in den folgenden Jahren eskalierte.

6. Arabische Friedensinitiative

- ✓ Datum: 28. März 2002
- ✓ Vorgeschlagen von: Der damalige Kronprinz Abdullah von Saudi-Arabien, unterstützt von der Arabischen Liga.
- ✓ Teilnehmer: 22 arabische Staaten.
- ✓ Ergebnis: Ein kollektives Angebot der arabischen Staaten, Israel anzuerkennen und normale Beziehungen aufzunehmen, im Gegenzug für den vollständigen Rückzug Israels aus den besetzten Gebieten und eine "gerechte Lösung" der palästinensischen Flüchtlingsfrage.
- ✓ Erfolg: Israel reagierte zurückhaltend, und es wurden keine wesentlichen Fortschritte auf der Grundlage dieser Initiative erzielt.

Diese Liste bietet eine Momentaufnahme der wichtigsten Dokumente und Verträge. Im Laufe der Jahrzehnte haben zahlreiche weitere Resolutionen, Verhandlungen und Gipfeltreffen mit unterschiedlichem Erfolg stattgefunden.

- **Al-Aqsa-Moschee**: Die drittheiligste Stätte des Islam, die sich auf dem Tempelberg in Jerusalem befindet.
- **Arabische Liga**: Eine regionale Organisation der arabischen Länder in und um Nordafrika und im Nahen Osten.
- **Balfour-Erklärung**: Eine britische Erklärung aus dem Jahr 1917, in der die Errichtung einer jüdischen Heimstätte in Palästina unterstützt wird.
- **Diaspora**: Die Verstreuung einer Bevölkerung aus ihrer ursprünglichen Heimat. Bezieht sich oft auf jüdische Gemeinschaften, die außerhalb Israels leben.
- **Fatah**: Eine palästinensische nationalistische politische Partei und die größte Fraktion der PLO.
- **Gaza-Streifen**: Ein schmales Gebiet entlang des Mittelmeers, das an Israel und Ägypten grenzt und hauptsächlich von Palästinensern bewohnt wird.
- **Hamas**: Eine islamistische palästinensische Organisation mit einem politischen und einem militanten Flügel, die derzeit im Gazastreifen regiert.
- **Intifada**: Ein palästinensischer Aufstand gegen die israelische Herrschaft. Es hat zwei große Intifadas gegeben, die erste begann 1987 und die zweite im Jahr 2000.
- **Eiserne Kuppel**: Ein von Israel entwickeltes Luftabwehrsystem zum Abfangen von Kurzstreckenraketen und Artilleriegranaten.
- **Judentum**: Die monotheistische abrahamitische Religion der Juden.
- **Knesset**: Die nationale Legislative Israels mit nur einer Kammer.
- **Likud**: Eine rechtsgerichtete politische Partei in Israel.
- **Mandat**: Ein rechtlicher Status für bestimmte Gebiete, die von der Kontrolle eines Landes auf ein anderes übertragen wurden, wie es beim britischen Mandat für Palästina der Fall war.
- **Mossad**: Der nationale Nachrichtendienst Israels, der für die Sammlung von Informationen, verdeckte Operationen und die Terrorismusbekämpfung zuständig ist.
- **Nakba**: Arabisch für "Katastrophe". Bezieht sich auf die Vertreibung der palästinensischen Araber nach der Gründung Israels im Jahr 1948.
- **Netanjahu, Benjamin**: Ein prominenter israelischer Politiker und der

dienstälteste Premierminister Israels.

- **Oslo-Abkommen**: Eine Reihe von Vereinbarungen zwischen Israel und der PLO in den 1990er Jahren, die den Beginn des Friedensprozesses markierten.
- **Palästinensische Befreiungsorganisation (PLO)**: Eine Organisation, die gegründet wurde, um die Gründung eines unabhängigen palästinensischen Staates zu erreichen.
- **Palästinensische Behörde (PA)**: Die 1994 eingerichtete vorläufige Selbstverwaltungsbehörde, die Teile des Westjordanlands und des Gazastreifens verwaltet.
- **Rabin, Yitzhak**: Ehemaliger israelischer Ministerpräsident und Schlüsselfigur des Osloer Abkommens, 1995 ermordet.
- **Recht auf Rückkehr**: Die Überzeugung, dass palästinensische Flüchtlinge und ihre Nachkommen ein Recht darauf haben, in die Häuser zurückzukehren, aus denen sie 1948 geflohen sind oder vertrieben wurden.
- **Siedlungen**: Jüdische israelische Gemeinden, die auf dem von Israel seit dem Sechstagekrieg von 1967 besetzten Land errichtet wurden.
- **Sharon, Ariel**: Ehemaliger israelischer Premierminister, bekannt für seine kontroverse Politik und den einseitigen Rückzugsplan.
- **Sechstagekrieg**: Konflikt von 1967, in dem Israel die Sinai-Halbinsel, den Gazastreifen, das Westjordanland, Ostjerusalem und die Golanhöhen eroberte.
- **Tempelberg**: Ein Hügel in Jerusalem, der sowohl für Juden als auch für Muslime heilig ist. Standort des Ersten und Zweiten Tempels im Judentum.
- **Zweistaatenlösung**: Ein Vorschlag zur Lösung des Konflikts, der zwei Staaten für zwei Gruppen von Menschen vorsieht: Israel für das jüdische Volk und Palästina für das palästinensische Volk.
- **UNRWA**: Hilfswerk der Vereinten Nationen für Palästina-Flüchtlinge (United Nations Relief and Works Agency for Palestine Refugees).
- **Westjordanland**: Ein Gebiet westlich des Jordan, das während des Sechstagekriegs von Israel besetzt wurde und in dem viele palästinensische Gemeinden leben.

- **Jom-Kippur-Krieg**: Ein Krieg, der 1973 von einer Koalition arabischer Staaten unter Führung Ägyptens und Syriens gegen Israel geführt wurde.
- **Zion**: Ein Hügel in Jerusalem und das symbolische Herz der Stadt. Wird oft als Metonym für Jerusalem und das biblische Land Israel verwendet.
- **Zionismus**: Eine nationalistische und politische Bewegung der Juden und der jüdischen Kultur, die die Wiederherstellung eines jüdischen Heimatlandes in dem Gebiet unterstützt, das als das historische Land Israel definiert ist.

Empfohlene weiterführende Literatur und Ressourcen

Bücher:

1. **"A Peace to End All Peace" von David Fromkin**: Ein detaillierter Bericht über die politische Landschaft des Nahen Ostens nach dem Ersten Weltkrieg.
2. **"Die Palästinafrage" von Edward Said**: Ein Einblick in die palästinensische Perspektive des israelisch-palästinensischen Konflikts.
3. **"Mein gelobtes Land: Der Triumph und die Tragödie Israels" von Ari Shavit**: Eine Chronik der Geschichte Israels, die gleichzeitig über die Zukunft des Landes nachdenkt.
4. **"Palästina: Peace Not Apartheid" von Jimmy Carter**: Die Ansichten des ehemaligen US-Präsidenten zum israelisch-palästinensischen Konflikt.
5. **"Das israelisch-arabische Lesebuch: A Documentary History of the Middle East Conflict" von Walter Laqueur und Barry Rubin**: Eine Zusammenstellung der wichtigsten Lektüre zu diesem Konflikt.
6. **"The Iron Wall: Israel and the Arab World" von Avi Shlaim**: Eine Untersuchung der israelischen Außenpolitik und der Beziehungen zu seinen Nachbarn.
7. **"Jerusalem: The Biography" von Simon Sebag Montefiore**: Eine detaillierte Geschichte der Stadt Jerusalem.
8. **"Six Days of War: June 1967 and the Making of the Modern Middle**

East" von **Michael B. Oren**: Ein detaillierter Bericht über den Sechs-Tage-Krieg.

9. **"Die ethnische Säuberung Palästinas" von Ilan Pappé**: Eine kontroverse Perspektive auf die Ereignisse von 1948.

10. **"Der Zitronenbaum: Ein Araber, ein Jude und das Herz des Nahen Ostens" von Sandy Tolan**: Eine persönliche Erzählung, die anhand eines einzigen Hauses und seiner verschiedenen Bewohner eine größere Geschichte der Region erzählt.

Filme:

1. **"Paradise Now" (2005)**: Ein Film, der in das Leben zweier palästinensischer Männer eintaucht, die sich auf einen Selbstmordanschlag in Israel vorbereiten.

2. **"Waltz with Bashir" (2008)**: Ein animierter Dokumentarfilm, der den Versuch eines israelischen Filmregisseurs schildert, verdrängte Erinnerungen an seine Erlebnisse während des Libanonkriegs 1982 wiederzuerlangen.

3. **"The Gatekeepers" (2012):** Interviews mit sechs ehemaligen Leitern des israelischen Geheimdienstes Shin Bet über ihre Ansichten und Handlungen.

4. **"5 Broken Cameras" (2011)**: Die Chronik eines palästinensischen Bauern über seinen gewaltlosen Widerstand gegen die Aktionen der israelischen Armee.

5. **"Miral" (2010)**: Der Film schildert den Weg eines palästinensischen Mädchens, das in der Folge des arabisch-israelischen Krieges aufwächst.

Online-Ressourcen:

1. **B'Tselem**: Eine israelische Menschenrechtsorganisation, die Berichte über den israelisch-palästinensischen Konflikt liefert. **https://www.btselem.org/**

2. **Palästinensisches Zentrum für Menschenrechte (PCHR)**: Bietet eine umfangreiche Dokumentation über Menschenrechtsverletzungen in den palästinensischen Gebieten.

https://pchrgaza.org/en/

3. **Jüdische Virtuelle Bibliothek**: Umfassende Informationen über die jüdische Geschichte, Israel, die Beziehungen zwischen den USA und Israel und den Holocaust.
   https://www.jewishvirtuallibrary.org/
4. **Institut für Palästinastudien**: Ein führendes Forschungsinstitut für palästinensische Angelegenheiten und den arabisch-israelischen Konflikt.
   https://www.palestine-studies.org/
5. **Al Monitor**: Eine Medienseite, die Berichte und Analysen aus und über den Nahen Osten liefert.
   https://www.al-monitor.com/

Diese Empfehlungen können als Ausgangspunkt für diejenigen dienen, die ihr Verständnis für die komplexe Geschichte, die Erzählungen und die Dynamik des israelisch-palästinensischen Konflikts vertiefen möchten.

Ich danke Ihnen für Ihre Aufmerksamkeit.

Auf eine hellere Zukunft

Die Autorin

Der israelisch-palästinensische Konflikt: Ein Leitfaden für Anfänger zum objektiven Verständnis durch eine faktengestützte Reise von der Vergangenheit zur Gegenwart

Lieber Leser,

vielen Dank, dass Sie uns bis zum Ende dieses Buches begleitet haben.

Es ist wichtig, dass Sie wissen, dass es bei der Erstellung dieses Leitfadens nicht nur darum ging, historische Ereignisse oder Nachrichtenfakten zusammenzutragen. Die eigentliche Herausforderung lag darin, diese Informationen sorgfältig zu strukturieren. Es wurde sorgfältig darauf geachtet, nur solche Quellen auszuwählen, die einen unvoreingenommenen und unparteiischen Ansatz versprechen. Unser Ziel war klar: Wir wollten Sie, den Leser, dazu bringen, sich ein eigenes, vorurteilsfreies Bild zu machen. Dabei war es uns wichtig, dass der Inhalt einführend bleibt und für jeden leicht zugänglich ist.

Wenn Sie der Meinung sind, dass dieses Buch seinen Zweck erfüllt hat, und sei es auch nur teilweise, laden wir Sie ein, Ihre Leseerfahrung mit uns zu teilen.

Eine **ehrliche Rezension** unterstützt nicht nur unsere Bemühungen, sondern dient auch einem höheren Zweck. Jede Rezension hilft potenziellen Lesern, eine sachkundige Entscheidung zu treffen, und unterstreicht die Forderung nach einem unvoreingenommenen und objektiven Verständnis.

Ihr Beitrag könnte ein kleiner, aber bedeutender Schritt auf dem Weg zur Friedensförderung sein.

Wenn Sie sich mit uns in Verbindung setzen möchten, um Ihre Meinung über das Buch zu äußern, senden Sie bitte eine E-Mail an:

schwartzman.publishing@gmail.com

Wir freuen uns über jede Art von Feedback zu unserer Arbeit.

Wir danken Ihnen für Ihren Beitrag.

Peter und Team